1

Ringrazio tutte le persone che ho incontrato, dai miei instancabili maestri alle persone per le quali ho sofferto, perchè si sono rese strumento della mia evoluzione.

Dedicato a chi si sente solo, stanco ed avvilito nella sua ricerca affinché possa camminare nella gioia.

PREMESSA

Più che un libro, questo è un indice dedicato a coloro che sono molto impegnati nell'assolvere i propri compiti quotidiani o che si avvicinano ora alla via spirituale senza conoscere tutti gli aiuti che abbiamo.

Ogni parola che troverete mi è stata trasmessa in un modo o in un altro. Questi insegnamenti mi hanno aiutata a trovare la forza di vivere, senza di essi e la conferma del mio cuore sulla loro veridicità credo che sarei andata alla deriva. Sono stati dapprima il mio unico spiraglio di luce, la mia unica speranza e oggi sono gli strumenti che mi conducono verso la gioia.

A scuola impariamo la matematica, la grammatica e le scienze, ma nessuno ci insegna la "materia" più importante.

Contemplando gli avvenimenti ci sembra di essere in balia di un misterioso fato che agisce qua e là senza apparente motivo. Esiste un motivo a tutto, basta avvicinarsi alle leggi divine che uomini illuminati hanno individuato migliaia di anni fa.

La conoscenza rende liberi e apre il cuore sempre più verso la vita.

Il viaggio più straordinario che si possa compiere è nella profondità del nostro essere, poiché siamo parte del Tutto e conteniamo il Tutto.

Percorreremo insieme un breve tratto e vi racconterò i sentieri che ho percorso e quelli che ho evitato. Queste parole sono solo piccole indicazioni per mille strade diverse da scegliere. Alla tappa successiva riguarderete queste frasi con tenerezza, come quando capita di prendere in mano un quaderno delle elementari ed inizierete a scrivere la vostra vera vita.

Le indicazioni che riporto sono molte, forse troppe a prima vista, ma le ho provate e vissute tutte, per divenire ciò che sono oggi.

Come dice un bellissimo pensiero sentito non ricordo dove: "Più cose sai, più puoi rimanere in silenzio per ascoltare la risposta". Prendete quello che vi serve oggi, buttate ciò che il cuore scarta, ma ricordatevi il resto, che può servire a qualcun altro o a voi stessi fra sei mesi.

Questo indice è strutturato in modo da poterlo consultare velocemente secondo necessità. Troverete solo delle indicazioni perché esistono già molti libri che approfondiscono i vari aspetti della nostra manifestazione, starà a voi approfondirle, se il vostro cuore si sentirà spinto in questo senso.

Non riporto altre grandi verità, ma suggerisco e descrivo pensieri, stati d'animo e tecniche utili per capirle. Le grandi verità sono l'essenza, se non rimangono frasi altisonanti suggerite ad altri nei momenti difficili.

Troverete i dubbi, le crisi e le paure più ricorrenti nella via evolutiva.

Spero questo scritto possa essere un piccolo anello tra i grandi insegnamenti e la nostra piccola quotidianità.

Ho raccolto quindici anni di ricerca e se un solo pensiero vi aiuterà, sarò riuscita nel mio intento. L'esposizione è quasi elementare, per arrivare prima al cuore senza allettare le nostre menti, già sovraccariche di nozioni che spesso ostacolano invece di guidare. Ho voluto riportare soprattutto le risposte che non sono riuscita a trovare nelle librerie o almeno non tutte assieme. Risposte arrivatemi addosso come piccole rivelazioni dopo anni di studio o "per caso" con persone più avanti di me sul sentiero.

IL FINE ULTIMO QUALE E'?

Ho premesso che questo testo è più un indice che un libro, perché amo la sintesi e sinteticamente rispondo: evolverci. Veniamo al mondo per evolverci ed ogni esperienza che viviamo è finalizzata a questo. La conoscenza e la fede sono gli aiuti migliori per imparare le lezioni di vita con molto meno dolore, se non nella gioia. Prendere coscienza del fatto che dietro ogni avvenimento c'è una lezione da capire cambia la vita.
Il dolore non sarà più una cieca punizione, ma un esame da superare e la gioia non sarà più attribuita ad un periodo propizio, ma alla conferma che ci stiamo muovendo nella giusta direzione. I primi passi possono essere i più duri se abbiamo sempre vissuto pensando in altro modo, ma siamo alle porte della Nuova Era, un'era in cui l'uomo prenderà coscienza di sè stesso, raggiungendo la serenità interiore a cui ogni essere umano aspira.
Più ci si avvicina alla conoscenza, più ci si rende conto della perfezione del Tutto. E' una scoperta continua che porta alla fede in un Essere superiore. Non occorre sforzarsi per credere, basta iniziare a vedere il meraviglioso disegno. Di come, ad esempio, prima di nascere stabiliamo, secondo le leggi cosmiche, il disegno di base della nostra vita. Disegno che contiene i vari aspetti che la nostra anima deve sviluppare nell'arco di un'incarnazione, per conoscere piani dell'anima finora trascurati o vissuti male.
A questo scopo nasciamo con i pregi, difetti, virtù e talenti necessari per compiere un determinato cammino. Come vedremo più avanti, scegliamo anche l'ambiente in

cui nascere ed i genitori più adatti. Ora farò un'altra semplificazione che può sembrare addirittura irrispettosa davanti ai testi di immensa saggezza che ho potuto leggere ed ascoltare, ma dopo lunghe ricerche e molto dolore ho tratto questa conclusione: una volta capito ed accettato il nostro disegno, tutto va per il meglio. Questa frase implica infinite spiegazioni e sfumature, che cercheremo di vedere insieme.

UNA VIA, MILLE VIE

Ho letto molti libri e seguito numerosi corsi, scuole e Maestri. Tutti mi hanno insegnato almeno una tecnica valida e ognuno lasciava intuire che bastava quella sola tecnica, che era sufficiente per raggiungere la serenità. Vi devo dire che per me non è stato così. Puntualmente incontravo in queste occasioni persone più che entusiaste sugli strabilianti risultati ottenuti e sorridendomi aggiungevano "bastano dieci minuti al giorno".
Mi sentivo sprofondare. Come mai queste persone che magari fino ad un mese prima non si erano mai occupate della loro spiritualità, compivano prodigi simili, quando io dopo anni di sentita ricerca e impegno mi ritrovavo con problemi magari sempre nuovi, ma... pesantini?
Sono stata spesso criticata. Le frasi più ricorrenti erano del tipo: chi inizia troppe strade non ne conclude nessuna, cerchi altre strade solo perché non vuoi andare avanti, non sai nemmeno tu in cosa credere e moniti simili.
Sono felice d'aver attraversato tutte queste esperienze perché oggi posso vedere le cose da più punti di vista e tutte complementari.
Esistono delle situazioni in cui un insegnamento va meglio ed è anche più veloce rispetto ad un altro. Chi professa che il suo metodo è superiore, più perfetto o che risolve tutti i problemi in sette giorni è secondo me, fuori strada. Siamo noi che sistemiamo tutto in sette giorni perché eravamo già pronti a farlo. Se il nostro livello di coscienza non è pronto possono passare anni prima di vedere un qualche risultato che, comunque, non

sarebbe arrivato se non ci fossimo impegnati a risolverlo.

Succede di capire il profondo significato di un insegnamento anche anni dopo averlo appreso, ma se non lo avessimo saputo non avremmo potuto maturarlo. Alcuni possono sembrare inutili per il nostro cammino. Forse lo sono, ma non è detto. Durante un corso di Mind Control, metodo che mira ad aiutare lo sviluppo delle capacità mentali, ricordo d'essermi annoiata durante un esperimento di identificazione con i vari metalli. Qualche anno dopo c'erano tre elettricisti a casa che non riuscivano a trovare il guasto nell'impianto.

Dopo un minuto di concentrazione individuai il punto esatto lasciandoli tutti di stucco. Uno di loro mi conosceva e rideva tra sè e sè, gli altri due non hanno osato chiedere come ci sia riuscita.

Ognuno ha bisogno del proprio modo, soprattutto all'inizio, e per quanto possa sembrare buffo, non spetta a noi giudicare. Basta che non implichi fare del male, a sè stessi o ad altri,. Se siete fermamente convinti che toccarsi l'alluce sinistro ventisette volte sia utile, perché non farlo finché se ne ha bisogno? Sarà la nuova serenità a confermare se è la strada giusta o meno. Basta tenere presente che, una volta in armonia con l'Assoluto, gli insegnamenti, le scuole e le tecniche sono soltanto degli strumenti per risvegliare quella parte di noi che tutto sa e tutto può, non il fine. Quella "parte migliore di noi" che viene definita come maestro interiore, Sè superiore o anima. Nessuna tecnica per quanto valida, può sostituirsi al lavoro che ci spetta, e, sebbene aiutino moltissimo, la fatica e la gioia sono soltanto nostre. Occorre ovviamente una certa continuità. Molti si arenano per la mancanza di costanza. Altri, terminato il

periodo più critico, superato grazie anche al loro lavoro, buttano tutto nel Dimenticatoio,meravigliandosi poi davanti alla situazione che si ripresenta.
Fortunatamente ho ricevuto degli insegnamenti base che mi hanno permesso di esplorare molti campi, arricchendomi senza confusioni.
Ovviamente è possibile trovare tutte le risposte nella bioenergetica, nello yoga o in qualsiasi altra scuola, ma se così non fosse non avvilitevi. Abbiamo tante cose da imparare con una infinità di sfumature e il cammino è bellissimo proprio per questo. Ogni giorno può regalarci una piccola rivelazione per aiutarci a crescere nella gioia.

Ogni testo che leggerete, ogni Maestro che incontrerete vi parlerà di amore, di amare sè stessi prima di poter credere di amare gli altri. Mi sono lambiccata il cervello per anni cercando il significato di queste parole. Ci si arriva a piccoli passi. Anzitutto è non permettere più agli altri di sfruttarci, dobbiamo essere amati per ciò che siamo e non per ciò che diamo, soprattutto da un punto di vista materiale.
Significa anche farsi rispettare e rispettarsi.
Nessuna persona o esperienza potrà piegarci se noi non glielo permettiamo. Senza vittima non esiste persecutore.
Come è fondamentale esprimersi; trovare anche un piccolissimo spazio per fare ciò per cui ci sentiamo portati. Quando si trova il proprio canale creativo esprimendo i talenti e l'amore per se stessi, allora si riesce a dare veramente senza aspettative.

Sentire finalmente la propria divinità. Siamo figli del Divino, quindi siamo di natura divina. Non amandoci andiamo contro l'Assoluto che ci ha creati.

Vivere l'amore dentro di sè porta a vivere tutta l'esistenza con una prospettiva di evoluzione nemmeno immaginabile prima.

Come arrivare a questo o almeno come iniziare questo cammino?

Vi elencherò tanti modi in questo indice, per il momento suggerisco di dirselo, ripeterselo, scriverselo, mettersi un quarzo rosa sul chakra del cuore, prendere il rimedio floreale di Bach: Holly, indossare spesso qualcosa di rosa, profumare gli ambienti di casa con l'olio essenziale di rosa e fare, dire, pensare tutte le cose che fanno bene, coccole comprese. Molti, anzi, quasi tutti i problemi derivano da una mancanza di amore ad un qualche livello. All'amore nulla può resistere; è la forza più grande dell'universo e per citare Edward Bach: "Se ci fosse abbastanza amore non ci sarebbe alcun male".

GLI ORFANI SOFFRONO TUTTA LA VITA

La vita per sè stessa e in sè stessa non ha significato se non alla luce di un qualcosa di più ampio. Che senso avrebbe alzarsi la mattina, sopportare ciò che arriva e sperare, ma sperare in cosa? Ascoltarsi e cercare di capire in cosa si crede, o meglio si vede, è un passo fondamentale.

Gli insegnamenti spirituali ci aiutano, anche se manca ancora l'individuazione interiore di chi o cosa abbia generato e generi il Tutto.

Costui può essere definito Dio, Buddha, Allah, il Grande Spirito o in qualsiasi modo pensiate giusto.

Personalmente preferisco chiamarlo Assoluto o Padre. Assoluto perché è al di sopra di tutto il tramestio di questo limitato mondo e Padre perché non sono altro che Sua figlia.

Gli avvenimenti della vita terrena servono per la nostra evoluzione animica, ma se non si sente questa certezza, così come la certezza del continuo aiuto del Padre, tutto diventa privo di significato. Non oso parlare di religione e tanto meno di dogmi: mi riferisco al "motore" di tutto. Può essere l'amore, la vita, la luce o altri valori, ma quale è il più affine a voi? Davanti alle persone che chiedono consigli per migliorare la loro vita e affermano di non credere, anzi di non vedere il Divino, suggerisco leggi energetiche e tecniche, in modo che possano sentire loro stessi l'energia scorrere nelle vene.

L'Assoluto ci ha creati con infinito amore e ci ha donato immensi poteri che abbiamo solo dimenticato di avere. Basta chiedere che si compia ciò è giusto per il nostro massimo bene ed avere l'umiltà di accettare la limitatezza della nostra intelligenza.

Forse oggi possiamo vedere solo poche tessere del grande mosaico; ma più cresciamo, elevando il nostro grado di coscienza, più potremo contemplarne la perfezione.

Il pericolo più grande sempre in agguato è l'illusione. Crediamo di essere in un certo modo, pensiamo di voler fare cose grandi, belle e nobili, ma a volte è solo frutto della nostra personalità.

Subentrano l'educazione, le aspettative dei genitori, la società e molti altri fattori che ben conosciamo. Quando vogliamo sembrare più buoni e disponibili di quel che siamo in realtà fingiamo senza rendercene nemmeno conto, creando dei meccanismi perversi. Si può migliorare solo ciò che si conosce. Può essere doloroso rendersi conto della propria bestialità, ma una volta riconosciuta si è già sulla via della guarigione. D'altronde se fossimo perfetti non saremmo certamente qui. Non c'è niente di male nell'uscire allo scoperto (ovviamente con persone che possono capire senza giudicare).

Lo scambio ed il confronto sono indispensabili per non sclerotizzarsi in vecchi schemi, e riservano bellissime sorprese. Il regalo più straordinario che ricevo, durante i corsi che frequento e tengo, è vedere persone sconosciute tra loro parlare tranquillamente dei loro lati peggiori con speranza.

Si aprono spontaneamente donando preziose lezioni di vita introvabili sui libri, arricchendo ed incoraggiando tutti. Quei momenti sono la testimonianza vivente della vera fratellanza. Si abbraccia l'uomo nella sua essenza, con i suoi dubbi e paure; senza giudicare, anzi, con

grande amore e rispetto. Stiamo già parlando dell'eterno
"conosci te stesso".

DA CHE PARTE SI INIZIA?

Non importa quanti sbagli abbiamo fatto, cosa ci è
successo o quanto ci sentiamo lontani dalla Luce: in ogni
momento ci viene data la possibilità di migliorare, di
conoscere e di rinascere completamente. Abbiamo il
potere di trasformare qualsiasi esperienza passata in
insegnamenti preziosi. Lo ripeterò più volte perché
all'inizio del cammino può sembrare impossibile, ma vi
accorgerete presto di quanto è generoso il Cosmico se
decidiamo di affidarci a Lui.
Userò il termine Cosmico per definire ciò che può essere
inteso come l'Intelligenza Suprema o Energia.
Da che parte s'inizia? Scrivo questa domanda perché me
la sono posta infinite volte. Anzitutto cerchiamo di
chiarire il significato di Karma, parola forse abusata in
questi ultimi tempi. Karma deriva dal sanscrito e significa
letteralmente: azione.
L'azione che, ancora prima di nascere, abbiamo scelto di
svolgere per sviluppare o completare l'evoluzione della
nostra anima. Questo implica anche pagare i debiti
karmici secondo la legge di causa ed effetto. Nel
momento in cui facciamo del male ad un altro essere,
regno animale, vegetale e minerale inclusi firmiamo una
cambiale che pagheremo al momento giusto.

Inutile dire che il male fatto intenzionalmente è ancora più grave, com'è sbagliato permettere che altre persone ci feriscano continuamente. Ovviamente ogni caso è a sè, ma se siamo in grado di impedire all'altro di non nuocere più lo aiutiamo a non aggravare il suo karma e di conseguenza anche il nostro.

Il Cosmico comunque ci permette di camminare tra il rigore e la misericordia. Paghiamo sempre il male fatto, ma non è detto che debba essere nella stessa misura. Spesso il dolore cessa quando capiamo profondamente quanta sofferenza è stata arrecata ad un nostro fratello, senza necessariamente vivere la stessa esperienza. Più è elevato il nostro livello di coscienza, meno dobbiamo attraversare materialmente per capire.

L'evoluzione avvicina la nostra ottica a quella divina.

Le spiegazioni in merito a karma difficili sono svariate. Ne riporto diverse con la speranza che possa essere di conforto a qualcuno. Si dice che i bambini nati con gravi malattie e che poco dopo trapassano, siano anime molto evolute che hanno in questo modo terminato la loro evoluzione sulla Terra, scontando ogni debito possibile. Spesso diventano poi guide spirituali dei loro cari.

Le persone che invece vivono a lungo con gravi problemi fisici possono aver scelto di scontare più vite in una per accelerare il cammino.

Come altre possono avere bisogno di quella prova per apprendere una lezione necessaria anche alle persone con le quali entreranno in contatto. Qualcuno arriva a sacrificarsi per aiutare una famiglia a raggiungere alti livelli di coscienza. Stare con persone ammalate può essere faticoso, ma è un grande insegnamento.

Conservo con molto rispetto e tenerezza le esperienze vissute con mia madre nel suo ultimo anno di vita qui.

Attraverso la morte ho capito di più la vita.

Un caro amico scherzava con me una sera di un periodo difficile, dicendo che quando siamo di là non ci ricordiamo quanto sia difficile la vita qui e ci lasciamo trascinare dalla voglia di strafare. Solo che poi ci rimproveriamo per lo zelo.

Anch'io sono all'inizio di questo meraviglioso cammino e probabilmente mi sto rivolgendo ad anime molto più evolute di me, ma mi preme dirvi una delle cose più importanti che credo d'aver capito:

si può essere sereni solo quando si seguono i dettami della propria anima, compiendo il compito o gli innumerevoli compiti da svolgere e per i quali ci siamo incarnati.

Non scoraggiamoci: l'aiuto ci viene dato in ogni momento, basta chiederlo con il cuore.

Ma dobbiamo umilmente chiederlo, perché non ci viene imposto nulla, poiché siamo stati generati dall'Assoluto che per amore ci lascia liberi. (libero arbitrio)

Un giorno lessi una definizione di amore che cerco di ricordare quando i vecchi condizionamenti tentano di fare capolino: amore è lasciare l'altro libero di sbagliare.

Se avete già svolto un certo cammino non avrete bisogno dei suggerimenti che derivano dalla mia esperienza, ma forse chi si sente come mi sentivo io può trarre qualche spunto. Quando vi sembra di non avere la più pallida idea del senso dell'attuale incarnazione, o il grandissimo messaggio "conosci te stesso", anzitutto tranquillizzatevi, perché nessuno vi chiede di capire

questa verità fondamentale in tutte le sue sfaccettature in poco tempo.
A volte questo processo si manifesta in tarda età oppure già nell'infanzia. Ognuno ha i suoi modi e tempi di evoluzione.
Non possiamo sapere cosa è bene per l'evoluzione dell'altro, perciò è inutile se non sbagliato giudicare malamente azioni altrui quando ci sembrano bizzarre o diverse dal nostro modo di vedere. Con ciò non voglio dire che non bisogna cercare di convincere un amico a non buttarsi giù dalla finestra in un momento di disperazione, ma se vostro figlio vuole radersi i capelli a zero perché così crede di sentirsi sè stesso, anche se non sembrerà più lui, deve essere libero di farlo.
L'anima ha molti livelli e piani e dobbiamo svilupparli tutti per divenire esseri completi ed armoniosi.
Questo processo può implicare le esperienze più disparate: dal coltivare i funghi al fare tanto sesso finché non se ne sente più il bisogno.
Quando intraprendiamo uno dei compiti fondamentali della nostra vita stiamo pur certi che i mezzi e l'aiuto non mancheranno. Anzi: finalmente si sprigioneranno le infinite energie dentro di noi ed attingeremo copiosamente dalla fonte universale perché saremo in comunione con il Tutto.
Tante persone dicono che hanno poca energia,forse il problema è il contrario: hanno troppa energia incapsulata che non fluisce, stagna e stanca.
Se si presentano troppi ostacoli lungo la strada scelta, sarebbe bene chiedersi se la desideriamo veramente. A volte sono dei veri e propri segnali per farci capire che non stiamo percorrendo la nostra strada, ma che ci siamo illusi di volere qualcosa che non è nostro. Non è

una regola, anzi parlare di regole è proprio assurdo, perché il disegno cosmico è infinito.
Come possono essere semplicemente delle prove da superare.
Per citare Edward Bach: "Il fatto che si manifestino delle forze materiali che cercano di distorcere e travisare la nostra opera è una prova della sua validità.".
Se sono tali, siate certi di avere ogni mezzo per superarle e l'intuizione vi guiderà.
Esistono delle anime già talmente evolute da trasmutare qualsiasi aspetto del loro essere quando la loro mente superiore (parte divina) ne intravede la necessità. Essere pronti a rinascere ogni mattina, lasciare spazio ai cambiamenti e rivedere le proprie verità davanti a verità più grandi.
La vita fluisce e noi con essa, inutile ed assurdo opporsi.
Chi o cosa ci ha creati ci conosce meglio di noi stessi e sa dunque benissimo come e quando condurci verso nuove esperienze, ognuno secondo la propria individualità e momento evolutivo.
Guardatevi un attimo indietro e vedrete quante situazioni avete già superato. Come e quali capacità vi hanno aiutato? Il passato è una grande miniera da cui possiamo attingere molte informazioni, parte del futuro compreso.
Si sono ripetute esperienze dolorose simili tra loro? Ecco un buon punto di partenza. A volte siamo scolari un pò cocciuti e abbiamo bisogno di ripetere spesso la stessa lezione. Se dovesse trattarsi di un tema centrale della vostra vita, capendolo farete degli enormi balzi in avanti.
Lasciamoci fluire e sarà la gioia a prendere il posto dei nostri difetti.
Inutile accanirsi contro di essi, anzi così non facciamo altro che rafforzarli con il nostro pensiero. Durante le

conferenze che tengo sui fiori di Bach spiego il suo concetto di "sviluppare virtù contrarie ai nostri difetti" con l'esempio del bicchiere.
C'è un bicchiere con un pò di deposito sul fondo, esistono due modi per pulirlo: il primo è di rovesciarlo completamente, ma in questo caso rimarrà sempre del deposito attaccato al vetro e nel frattempo sarà completamente vuoto; oppure la seconda alternativa è di far entrare acqua pulita nel bicchiere, oltre la tracimazione: il deposito uscirà da solo e il bicchiere sarà pieno di acqua fresca e pulita.

Torniamo a vedere da che parte si inizia.
I suggerimenti pratici possono essere tanti, ma prima di seguirne uno raccoglietevi in silenzio per ascoltarvi, per sentire se vi corrisponde o meno. Questo è il primo suggerimento.
Gli altri possono essere:
provare ad entrare in una libreria, verso quali libri vi sentite attratti? Quali argomenti trattano? Perché li avete preferiti. Ve lo ha suggerito un amico? E' stata una critica positiva a spingervi a prenderlo? Se in quel momento vi sentite attratti da un libro che tratta un argomento a voi sconosciuto o che apparentemente non vi interessava, provate, se vi va, a leggerlo ugualmente. Forse rispecchia una parte di voi che deve ancora venir fuori. Quando avrete ultimato la lettura chiedetevi cosa avete tratto da esso e se vi sentite di approfondire l'argomento con altri testi. Se è un romanzo d'avventura quale è il personaggio che vi ha affascinato maggiormente e così via.

Ho insistito tanto su una cosa che può sembrare banale, perché ogni azione esteriore corrisponde ad una interiore. Ci specchiamo in mille modi; quindi perché non usare questi specchi per vedere chi siamo?

Provate ad entrare in una casa o luogo qualsiasi e cercate di prendere coscienza di cosa vi attrae o respinge di questo luogo: i colori vi piacciono? Le forme sono armoniose secondo voi? Gli odori? I rumori di fondo come sono? Il luogo ha un'impronta personale o vi sembra anonimo? Se doveste descriverlo solo a voi stessi come preferireste farlo? Dipingendolo, mimandolo, scrivendolo, cantandolo, musicandolo o in quale altro modo? Questo esercizio aiuta a capire quale è il nostro canale d'espressione preferito e anche i nostri talenti sviluppati e latenti. Nasciamo già con dei talenti, e se non vengono espressi possono portarci un senso di frustrazione.
Non usandoli ci priviamo della gioia della creatività, così importante nella nostra vita perché ognuno di noi è stato creato dall'Assoluto e quindi creare fa parte della nostra essenza .

Se nell'esercizio precedente vi siete sentiti attratti da un colore particolare, chiedetevi a quale vostro stato d'animo può corrispondere questo colore o se è un colore che vi trasmette sempre serenità o altre sensazioni. I colori entrano continuamente nella nostra vita, anzi le loro vibrazioni possono anche urtare le nostre energie; perché non conoscerli meglio attraverso la cromoterapia per capirci e curarci.

Se invece è stato un odore a colpirvi particolarmente, forse l'aromaterapia può interessarvi; se ne riparlerà brevemente nel capitolo sulla quotidianità.
Queste due forme di terapie rientrano nelle terapie olistiche (dal greco olos - globalità), che curano sia l'anima che il corpo dell'ammalato.

Il nostro corpo parla di noi, di come siamo veramente. Le rigidità fisiche rispecchiano quelle interiori. Osservare i nostri problemi fisici ci permette di capire su cosa lavorare subito. Diversi autori quali Louise Hay, Thorwald Dethlefsen ed altri, riportano corrispondenze tra malanni fisici e malanni spirituali molto centrati che possono dare una valida traccia di partenza.
Il corpo è il tempio del nostro spirito: va curato, amato e rispettato; perciò i suoi disturbi vanno compresi ed aiutati con la massima sollecitudine.
Sebbene mi occupi di terapie "alternative", per prima cosa chiedo a chi ha dei problemi di salute di farsi vedere dal medico; una volta stabilito con precisione di cosa si tratta si può iniziare a lavorare sul problema. Cerchiamo di non incorrere nell'esagerazione opposta di rifiutare la medicina allopatica.
La scienza e la spiritualità devono complementarsi, perché noi ora siamo qui in carne ed ossa anche per imparare a vivere in armonia con la materia. Quindi ripeto: quando c'è un malessere purtroppo già a livello fisico, rechiamoci dal medico e ringraziamo per i prodigi che la medicina sta compiendo, poiché anche essa fa parte del grande disegno e ci permette di recuperare più tempo per capire dove stiamo sbagliando.
Ogni malessere fisico deriva da un nostro stato spirituale sbagliato, tranne qualche caso in cui la malattia è

"necessaria" per motivi karmici o per impedirci sofferenze maggiori derivanti da un modo di essere che soltanto una malattia ci porterà a modificare. A male estremo, estremo rimedio.

Se soffrite di una grave malattia, cercate in ogni modo di accettarla, di accarezzare con amore la parte di voi ammalata e di cercare di capire quale meccanismo l'ha innescata. Tutte le prove, anche le più terribili e pesanti ci vengono date per capire, per espandere la nostra coscienza.

Una volta capita, la prova non ha più motivo di esistere. Spero vivamente che chi per caso o per scelta ha preso tra le mani questo scritto abbia già consciamente o inconsciamente scelto di non soffrire più.

"La conoscenza rende liberi", ci aiuta ad evitare le prove più pesanti, perché con la conoscenza e la fede possiamo capire prima, senza dover ricorrere al dolore per evolverci. Il Padre vuole che tutti i Suoi figli siano felici e dà sempre la possibilità di esserlo. Quando leggerete il motivo del malessere non dovete assolutamente vergognarvi; perché, come dico spesso a me stessa, siamo tutti dei poveri pellegrini e nessun cambiamento positivo ci è negato, se lo desideriamo veramente.

Un altro esercizio meno semplice di quel che sembra è di sedersi e di fare un elenco più dettagliato possibile di quello che piace e anche di quello che non piace, perché già sapere quello che non si vuole aiuta ad evitare perdite di tempo. Verranno fuori curiosità impensate. Completato l'elenco (a cui potrete sempre, anche in seguito, aggiungere quel che vi viene in mente), cercate le cose contraddittorie e le cose complementari. Gli oggetti o le situazioni elencati, per quanto possano sembrare banali (come le banane anziché l'uva), rappresentano molto più di quel che sembra. Sono dei vostri simboli che vanno interpretati. Fatevi anche aiutare da chi già conosce la simbologia e il significato dei colori o prendete un buon testo. Si può capire molto di sè stessi guardando le piccolezze quotidiane. La legge del "come in alto così in basso" si estrinseca anche nel fatto che le scelte minori, quali l'abbigliamento o il cibo, sono collegati ad aspetti interiori ben più ampi.

Insisto ancora sull'importanza di conoscersi, perché è una delle chiavi più importanti per la serenità a cui tutti aspiriamo. Fare un riassunto del passato può essere utile. Le date degli avvenimenti più importanti ci forniscono indicazioni sul nostro ciclo. Personalmente ho notato un ciclo settennale.
Sono arrivata in Italia lo stesso mese del mio quattordicesimo compleanno, ho iniziato a lavorare in ufficio il giorno del mio ventunesimo compleanno e mia madre è transitata quando avevo ventotto anni.
Quale è stata la lezione di vita più importante,? Ma soprattutto: quale insegnamento ne avete tratto?
Rivedere il passato ci aiuta a capire quello che non serve più.
Buttiamolo via per fare posto al nuovo. Si può iniziare con un gesto esteriore, che come sappiamo corrisponde ad uno interiore, svuotando ad esempio l'armadio per regalare o buttare i vestiti che non sentiamo più nostri.
Ho trovato due esercizi facili da farsi per liberarsi di pesi inutili. Il primo è di scrivere su un foglio bianco con una penna nera (proprio nero su bianco) ciò di cui vorremmo

disfarci: problemi, stati d'animo, vizi e quant'altro vi sembra giusto, affermando l'intento di:
Lasciar Andare e Trasformare. Siate più precisi possibili perché in quel momento state lanciando un messaggio:

LASCIO ANDARE E TRASFORMO

Finito di scrivere, strappate il foglio in tanti pezzettini e buttateli nel water. L'elemento acqua purificherà ogni traccia. Quando dobbiamo lasciar andare una cosa negativa affidiamola all'acqua, quando chiediamo una cosa positiva liberiamo subito lo spirito della richiesta attraverso il fuoco. Sul meraviglioso libro: Messaggeri di Luce, di Terry Lynn Taylor, edizioni Amrita, troverete una tecnica simile da usare per affidare il compito agli angeli.

L'altro esercizio è di visualizzazione. La sera prima di addormentarsi visualizzate un sacco nero e mettetevi dentro ciò che sentite di dover abbandonare. Gli stati d'animo possono apparire scritti; ad esempio: PAURA, ANGOSCIA , SFIDUCIA o quant'altro vi opprime. Visualizzate di mettere questi problemi nel sacco, chiudetelo bene con uno spago di modo che non possano più uscire e buttatelo in un corso d'acqua, ringraziando l'acqua per la purificazione già compiuta. Abbiamo il diritto/dovere di aiutarci in ogni modo positivo.

Un astrologo di fiducia può indicarci le nostre inclinazioni attraverso il tema natale. Il tema natale viene redatto individuando la posizione dei pianeti al momento della nostra nascita.

Siccome noi scegliamo come e quando nascere, l'astrologia può aiutarci a capire le nostre potenzialità. Niente è vincolante se noi non lo vogliamo e questo vale anche per l'astrologia. Non credo in essa come fonte divinatoria, ma come ulteriore strumento per la scoperta del Sé. Come trovare il proprio numero o numeri attraverso la numerologia può aiutare.
Lo studio dei tarocchi, non a scopo divinatorio, ma quale percorso evolutivo dell'anima mi ha affascinata. Trovare il proprio tarocco del momento può dare ulteriori indicazioni.

Conoscere i propri talenti aiuta a sbloccare la creatività permettendo di esprimerci. L'autoespressione porta alla realizzazione interiore. Personalmente ho trovato l'individuazione dei talenti secondo Baba Bedi(il papà del noto Kabir Bedi). Stupendo!... Purtroppo non lo si può fare da soli. Occorre trovare un operatore che conosca bene la scuola di Baba Bedi. Vengono svolte delle attivazioni psichiche in piena coscienza e molto semplicemente. Comporta anche un buon lavoro di pulizia dei canali espressivi.

Persino il nostro luogo di nascita parla di noi. Ogni città ha una vibrazione propria. Come è la vostra città natale? Non importa se siete nati lì "per caso". Leggetevi la sua storia, le sue caratteristiche. Molti affermano che avvenga un imprinting del luogo. I miei genitori erano entrambi nati e vissuti in Italia, ho sangue italiano al 100%, eppure sembro un'americana. Ed ho scoperto dopo molti anni che l'A.M.O.R.C., l'Antico Mistico Ordine della Rosa Croce che ho inseguito per otto anni in italia, ha due sedi importanti vicinissime alla mia città natale nel New Jersey.

I nostri rapporti con i genitori, parenti ed amici parlano di noi e meritano un capitolo a parte.

Annotarsi i sogni, specialmente i più ricorrenti, può fornire indicazioni preziose. Un buon libro sul significato dei sogni e che riporti i simboli più comuni, aiuta a decifrarli.

La meditazione(assieme alla preghiera) è un potente mezzo, forse il migliore per la conoscenza e l'evoluzione. Viene solitamente insegnata nei corsi di Yoga ed in altre discipline e consiglio di farla con persone più esperte le prime volte anche se vi accorgerete d'averlo già fatto inconsciamente. La meditazione apre la porta al nostro Maestro Interiore, che vi indicherà quale strada intraprendere verso la felicità. Aiuta anche, secondo me, ad elaborare tutto ciò che forse si è capito solo con la testa.

La ricerca del Sè ha solo un inizio, perché siamo infiniti. Si attraverseranno molte esperienze e soprattutto all'inizio c'è il rischio di cadere vittime di trappole. Esiste sempre l'eccezione, ma se possibile cercate di EVITARE le seguenti situazioni:

-affidarsi o dipendere completamente da un "maestro" o scuola esoterica.

Chi vi ama veramente vi aiuterà a diventare sempre più libero, non dipendente.
Alcune correnti spirituali dell'oriente sostengono che trovare il proprio "guru" sia un punto di arrivo/inizio di un'incarnazione. Personalmente non condivido questa interpretazione ed abbraccio l'insegnamento rosacrociano ed altri che esortano a trovare il Maestro dentro di sè.
Come è importante riconoscere il Maestro o il Messaggero del giorno.
Anche un passante per strada può portarci la risposta che cercavamo.

-lasciarsi convincere che sia necessario disfarsi di tutti i propri beni per diventare spirituali. La spiritualità si vive, non la si può comprare.

-pagare cifre astronomiche per un'iniziazione o un insegnamento.
Gli insegnamenti spirituali, come le cure, non possono essere quantificate con il denaro. La cifra data alla persona è solo per il suo tempo e spese, per permettergli di continuare a dedicarsi agli studi di modo che possa trasmettere sempre più agli altri. Per chi già conoscesse il Reiki, ad esempio, non è assolutamente vero che l'energia non passa se non si paga.
Chi riceve l'energia o qualsiasi altro servizio rimane in debito, ma questo debito può essere saldato in un secondo momento, anche con un altro servizio o una tazza di caffè. L'importante è che la soluzione stia bene ad entrambi.

-evitare assolutamente le forme di magia, ovviamente quella nera per prima, assieme alle sette che la praticano. Evitare se possibile anche conoscenti che le frequentano. Ci si rovina la vita. Non si ottiene niente per forza e tanto meno in questo modo. Ciò che ci appartiene arriva senza "manovre strane".

-le sedute spiritiche non vanno bene nemmeno per scherzo. Si presentano le cosiddette larve che prendono energia dai partecipanti e si burlano di tutti.
Le eccezioni anche in questo caso possono esistere. Ho conosciuto un padre esorcista che emanava profumo di fiori quando parlava, proprio come Padre Pio, che comunicava assieme ad altri con i trapassati, ma questi incontri purtroppo non sono frequenti;

-è facile lasciarsi incantare dalla straordinarietà dei racconti di chi è uscito in astrale al punto di tentare l'esperienza da soli e prima del tempo. Usciamo in astrale (l'anima esce dal corpo e rimane legata ad esso dal "filo d'argento") spontaneamente durante il sonno quando ci occorre. Provocare il fenomeno a comando quando non è il caso comporta il rischio di finire in coma perché si può anche non rientrare.

cercando di bruciare le tappe si rischia di finire in neurologia senza uscirne più. Tutte le tecniche e le scuole sono delle scorciatoie e, se ben utilizzate, ci risparmiano anni, decenni di sofferenze altrimenti necessari per capire le lezioni dell'anima, ma sono anche a doppio taglio.

Esagerare negli esercizi o nella meditazione porta a forti squilibri. E' come far passare una corrente di mille volts in un corpo abituato a dodici volts.
Ci si brucia.

-cercare di forzare la kundalini (troverete la spiegazione più avanti) porta anche esso al manicomio. Se e quando questa potente forza si risveglierà (spontaneamente) in noi, sarà in modo dolce e graduale.
Non accettate rapporti sessuali indirizzati a questo scopo.
Diverse ragazze hanno avuto rapporti sessuali con degli yogi (o presunti tali) per risvegliare la kundalini e non hanno più trovato la serenità.

Lo stesso vale per l'apertura dei chakras. Non importa se tutti i chakras non sono aperti, non è questo lo scopo dell'evoluzione, ma soltanto una conseguenza. Può essere importante verificare il loro stato nel caso di disfunzioni e cercare al limite di riequilibrarli con esercizi di yoga, con i cristalli (cristalloterapia) o con altri metodi, ma sempre sotto la guida di persone di massima fiducia.
Purtroppo ho sentito parlare di un gruppo che apre i chakras a pagamento. Il primo (che dicono di aprire) costa poco, i successivi sempre più.
Non c'è bisogno di dire di lasciar perdere, oltretutto li aprono nel modo sbagliato.

-in nessuno caso comunque si deve fare uso di droghe.
Il famoso LSD ha allettato persone che volevano avere delle visioni aprendo violentemente il terzo occhio/sesto chakra (è situato sopra gli occhi in mezzo alla fronte).

Le hanno avute, probabilmente non vere e si sono rovinati da soli.

Le scorciatoie sono pericolose. Lo sciamanesimo menziona alcune droghe, ma bruciate con l'incenso, non assunte per bocca. Personalmente non proverei nemmeno a bruciarle se non con un vero sciamano accanto.

-altro pericolo è infilarsi sotto una piramide o mettersene una sulla testa allo scopo di ottenere il vuoto mentale... potrebbe diventare permanente!

Ho sentito troppe persone andare fiere di cose irrilevanti come quattro minuti di vuoto mentale completo, rischiando il proprio equilibrio, ma soprattutto sostituendo la tecnica con lo scopo. Tutti questi metodi devono soltanto aiutarci a metterci in comunicazione con la nostra anima e con l'Assoluto per trovare la pace e la gioia interiori. Non importa se riusciamo o meno a spostare gli oggetti con il pensiero, conta solo il fatto di prendere coscienza della nostra divinità.

E su questo punto devo insistere, perché ho visto troppe persone fermarsi su questi aspetti assolutamente secondari.

-non lasciatevi mettere le mani addosso da qualunque pranoterapeuta: rischiate di assorbire anche i problemi della persona che c'era prima di voi. Oggi per fortuna si sta diffondendo sempre più il Reiki (esistono già diversi testi in merito) e consiglio il primo livello a tutti, in modo da poter attingere energia divina in qualsiasi momento senza il rischio di inquinamento del canale (terapeuta). Qualcuno sta peggio dopo essersi rivolto alla

pranoterapia, perché l'energia personale del terapeuta non si adatta a tutti.
E se poi la persona in questione non è molto pura........

-purtroppo esiste anche un altro grande pericolo, che riporto non per spaventarvi, ma solo per aiutare qualcuno a non ritrovarsi in un mare di guai.
I maestri ciarlatani. Non ho iniziato il sentiero per poter sentire le vibrazioni altrui, ma per riuscire a difendermene.
E' stato un grande problema per me.
Sentivo il mal di stomaco di chi era nella stanza accanto ed i pensieri di tutte le persone sull'autobus. Era un inferno.
Un inferno che comunque mi ha protetta da personaggi che per denaro, potere o peggio ancora per il male, cercano di rovinare le persone sottoponendole ad iniziazioni apparentemente spirituali. Alcuni arrivano a succhiare letteralmente l'energia dei malcapitati o peggio ancora, annullarne la personalità. Prima di seguire corsi e tanto più iniziazioni informatevi sempre sulla persona, studiatela da vicino.
Questi personaggi hanno il vizio di autodichiararsi profeti, sacerdoti o incarnazioni di straordinari maestri. Qualcuno arriva addirittura a bestemmiare dichiarandosi Cristo o come ho sentito personalmente: l'incarnazione dello Spirito Santo. Un vero maestro non conia titoli ad effetto e non chiede molti soldi per alleggerirvi subito il Karma ed appesantire il suo portafogli.
Le tenebre hanno la facoltà di presentarsi come Luce.
Attenzione, ma senza paura; perché siamo sempre guidati e poi basta chiedere aiuto e protezione, per veder sparire queste persone dalla nostra strada.

-discipline particolarmente dure ed ascetiche possono minare l'equilibrio. Sconvolgere la propria vita non rispecchia la scelta primaria. Chi è nato in occidente non può meditare cinque ore di seguito tutti i giorni (salvo eccezioni).

In un momento di crisi o quando dobbiamo prendere decisioni importanti, possiamo provare il desiderio di rivolgerci a cartomanti o a veggenti.
Alcuni sono meravigliosi, mentre altri a volte cercano di creare una dipendenza, quando vedono che la persona sta passando un momento di insicurezza.
In questo caso parleranno di fatture e di malocchi con insistenza, anche se non è vero.
Apro una parentesi sull'argomento perché forse un'ulteriore conferma può rassicurare. L'energia è una sola e si lascia veicolare come decidiamo noi; quindi qualcuno che vuole rovinarsi il karma può scegliere queste pratiche abominevoli. Non spaventatevi, sono rari i casi in cui si tratta effettivamente di un lavoro del genere. Spesso non sono altro che auto-fatture.
Se una persona, ad esempio una cartomante, insiste su questo aspetto, automaticamente vi influenzerà in tal senso aumentando il vostro malessere.
Insistere su un pensiero porta alla sua manifestazione.
La prima verifica da farsi è chiedere quanto prende per "toglierlo"; cifre di migliaia o parecchie centinaia di euro vi indicano già il suo intento.
Purtroppo ho attraversato anche questa brutta esperienza.

Me ne sono resa conto solo dopo anni di sofferenza
perché non volevo crederci. Comunque proprio il mio non
crederci mi ha difesa dal peggio.
A meno che non abbiate fatto del male intenzionalmente,
approfittato di ogni occasione per ostentare le vostre
ricchezze o soffriate di mali incomprensibili, scartate
l'idea.
Meno ci si pensa meno le forze possono agire.
Nel caso dovesse essere vero, vi arriverà l'aiuto senza
sborsare cifre esose. Ripeto ancora che sono casi rari e
di non pensarci, perché questo pensiero porterebbe con
sè la paura, che blocca ogni processo evolutivo.

Ho parlato di chakras, kundalini, aura, corpi energetici e
mantra. Su ognuno di questi argomenti bisognerebbe
fare degli approfondimenti consultando testi appositi.
Farò un brevissimo accenno a mò di glossario per
agevolare la lettura.

CHAKRA - lungo la colonna vertebrale si trovano i sette
principali chakra, termine sanscrito che significa ruota.
Sono ruote di energia ed ognuna di essa sovrintende il
buon funzionamento di precise parti del nostro corpo,
ghiandole comprese, e determinate funzioni
psicologiche che esterna con il sentimento ad esso
corrispondente.
I chakra minori sono dislocati in tutto il corpo e sono circa
duemila.
Fra essi i più facili da individuare si trovano nei palmi
delle mani e sotto i piedi. Risvegliare i chakra con
esercizi appositi o ancora meglio come conseguenza

della nostra evoluzione ci permette di ricevere, assimilare e trasmettere energia, ma più importante ancora di evolverci. Ripeto, l'apertura dei chakra non va forzata, si crea più danno che altro. Ogni cosa arriva al momento e nel modo giusto.

I principali a cui solitamente ci si riferisce sono:

Primo: è situato all'altezza del perineo. Il suo nome sanscrito Muladhara significa radice ed è proprio la nostra radice. E' la nostra presa a terra che ci aiuta ad evolvere concretamente ed è difatti associato all'elemento terra. Presiede il funzionamento delle gambe, delle ossa e dell'intestino.

Uno squilibrio di questo chakra comporta una carenza di energia vitale come l'anemia sul piano fisico e l'incapacità di sopravvivere sul piano psicologico.

Il suo colore è il rosso, il cibo corrispondente sono le proteine, i verbi corrispondenti: io ho e io sono (I verbi possono essere usati come mantra quando si desidera lavorare su ogni vortice energetico). Le pietre che agevolano il suo funzionamento sono: rubino, granato, corallo rosso, e il diaspro rosso.

Secondo: si trova tra l'addome inferiore ed i genitali. Lo Svadishthana è associato all'elemento acqua e significa dolcezza. Presiede la sessualità, la creatività inferiore (collegato al quinto della creatività superiore) ed ovviamente la riproduzione. Il suo alimento sono i liquidi ed il suo colore l'arancione. Il verbo: io sento.

Le pietre ad esso abbinate sono: occhio di tigre, corniola e la pietra di luna per le donne, soprattutto in gravidanza.

Terzo: si trova nella zona del plesso solare. Il Manipura è associato all'elemento fuoco e significa gioiello luccicante. Presiede la digestione con tutti gli organi coinvolti. Il cibo ad esso corrispondente sono gli amidi. Il suo elemento è il fuoco ed il fuoco ben si abbina al concetto del potere, risvolto psicologico del vortice; difatti il suo verbo è: io posso.
Il colore del terzo chakra è il giallo, come sono gialle le pietre che lo stimolano: topazio giallo, quarzo citrino e ambra.

Quarto: è il chakra del cuore. L'Anahata, che significa il non colpito, è il chakra dell'amore. L'amore universale senza limiti che collega i primi tre vortici di base con gli altri tre superiori, segna l'incontro tra orizzontale e verticale. Visualizzate una persona in piedi con le braccia spalancate, il cuore è il punto centrale. Evoluzione senza amore è una mera chimera.
Il suo verbo non poteva che essere: io amo. Il suo elemento è l'aria ed il suo nutrimento sono le verdure. Presiede ovviamente il cuore, le braccia, i polmoni e le mani.
Il colore tradizionale è il verde, ma il rosa entra nella stessa misura in risonanza con esso. Abbiamo sempre bisogno di amore, consiglio a tutti di prendere un quarzo rosa. Altre pietre associate sono: smeraldo, tormalina verde, avventurina, malachite, rodocrosite e kunzite.

Quinto: chakra della gola. Detto Vishuddha o della purificazione. E' il vortice dell'espressione, della comunicazione e della creatività. Il suo elemento è l'etere/suono.

io comunico, è il verbo del quinto vortice. Presiede la gola, la tiroide, il collo e le orecchie. Il suo cibo è la frutta. Le parole trattenute creano il groppo in gola. Aiutiamolo con il blu e con le pietre blu: zaffiro, acquamarina, turchese, lapislazzuli e sodalite.

Sesto: il sesto chakra viene chiamato anche terzo occhio, difatti si trova in mezzo alla fronte proprio sopra gli occhi. Il suo nome sanscrito è Ajna, che tradotto è: percepire. E' il vortice che presiede la vista ed anche la chiaroveggenza. Il suo verbo è: io vedo. E' il luogo del sogno, dell'intuizione, della visualizzazione ed è collegato alla Luce.
Conosco due scuole di pensiero divergenti per quanto riguarda il suo colore. Una afferma che sia il viola e l'altra che sia l'indaco.
Rientra nei chakra chiamati alti nel gergo esoterico, assieme al quinto ed al settimo. Sono le ruote di energia più strettamente collegate al cielo e quindi più delicate da descrivere.
Persino l'associazione delle pietre discorda in qualche caso.
Le più note sono: ametista, fluorite e zircone.

Settimo: siamo giunti all'ultimo, il più alto. Sahasrara, il loto dai mille petali. I bambini fino ai tre anni hanno questo chakra sempre aperto, difatti possono attingere informazioni dalla fonte universale e ricordare esistenze precedenti.
I loro racconti non sono sempre pura fantasia. E' la sede del pensiero, della conoscenza, della coscienza e della comprensione.
Sovrintende la ghiandola pituitaria.

Come nel caso del sesto chakra i suoi colori possono essere il viola o il bianco splendente. La sua pietra per eccellenza è il diamante.

MANTRA: suono che ci guida nella meditazione. Ripeterlo aiuta a non agganciarsi ai nostri pensieri e a lavorare di più su determinate sfere anziché altre a secondo del suono. Uno dei più noti è: AUM o OM. I veda (testi sacri) dicono che l'Assoluto abbia creato l'universo emettendo questo suono.

KUNDALINI: è una potentissima forza guarente che giace dormiente nel primo chakra. Il suo risveglio porta l'illuminazione, ma se questo viene forzato o arriva prima che si è in grado di liberare le impurità, può scardinare l'equilibrio. Come l'esempio del cavo troppo sottile per la scarica elettrica.

AURA: I veggenti la vedono e dal suo aspetto leggono la persona.
Per semplificare al massimo, oserò dire che si tratta della somma dei nostri sette corpi e che viene vista dai veggenti sotto forma di luce.
A secondo del suo o dei suoi colori si traggono molte informazioni sulla persona. Ovviamente i colori scuri presagiscono cattiva salute fisica, psicologica e spirituale. Il bianco e l'oro sono i colori delle persone in armonia assoluta. L'aspetto dell'aura muta continuamente, perché varia a secondo del nostro stato di salute, delle emozioni che proviamo in un determinato momento e dei pensieri che formuliamo, sebbene abbia una sua impronta di base che corrisponde al nostro stato evolutivo.

L'aura è costituita da sette corpi tutti collegati tra di loro:

corpo fisico: è il piano della manifestazione dove i nostri pensieri prendono "corpo";

corpo eterico: è il più vicino al corpo ed è indispensabile per trasmettere energia a tutto l'organismo. Durante gli interventi chirurgici viene lacerato provocando anche dolore. Il noto dolore fantasma all'arto amputato;

corpo astrale inferiore e superiore: sono i corpi che contengono tutte le nostre emozioni;

corpo mentale inferiore e superiore : contengono i pensieri;

corpo spirituale o causale: a differenza degli altri che si sovrappongono ed interagiscono a partire dal corpo fisico, questo si trova sopra la testa.
Ha la forma di un grande uovo e contiene tutte le esperienze ed informazioni più importanti dall'inizio della propria esistenza.

Prima ho detto che abbiamo il dovere verso noi stessi di aiutarci in ogni modo possibile e che la nostra evoluzione deve procedere su tutti i piani:
Intendo: fisico, mentale, emotivo e spirituale. Questo significa avvalersi anche di oggetti particolari.
Ricordiamoci comunque che sono sempre oggetti e che non vanno venerati, ma considerati per quelli che sono;

cioè degli strumenti per risvegliare la parte migliore di noi come i simboli.

Mi limito ora ad elencarvi una serie di "oggetti" che possono aiutarvi, soprattutto all'inizio del cammino e fino al momento in cui avrete scoperto la vostra divinità e centratura su voi stessi. Le seguenti indicazioni riguardano solo ciò che si porta addosso e vi indicherò anche cosa è meglio evitare.

Starà a voi scegliere ciò che sentite sia meglio. Nel capitolo della casa troverete altre indicazioni sugli oggetti che possono innalzare la vibrazione della vostra abitazione.

Cosa fa bene avere addosso?

La medaglietta di San Benedetto (viene venduta in tutti i negozi di arte sacra) è una potente protezione contro i cattivi pensieri che altri possono rivolgervi. Esiste la possibilità che le persone possano riversare negatività su altri, ma la prima difesa è non pensarci e comunque la medaglietta benedetta vi proteggerà. Va tenuta sulla pelle con una catenina.

Un piccolo crocefisso risveglierà l'amore cristico ed allontanerà anch'esso le vibrazioni non proprio positive (perché non portare entrambi addosso?).

Una sciorlite (tormalina nera) è molto protettiva e funge da seme spirituale anche per le persone con le quali relazionate. Si può tenerne una in borsa o nel portafogli e un'altra sul posto di lavoro. Ogni tanto va purificata in sale grosso per una notte.

I gioielli sono nati perché gli antichi avevano già capito l'energia delle pietre preziose. Il turchese preserva dalle cadute e il vescovo porta l'anello di ametista perché svillupa la spiritualità. Se siete amanti di pietre dure e preziose vi consiglio di leggervi un buon testo di cristalloterapia, dove troverete le proprietà di tutte le gemme.

Vi ricordo soltanto che tutti i metalli assorbono molta energia. Limitiamone l'uso quindi e quel che portiamo va anch'esso purificato, almeno lasciandolo sotto l'acqua corrente o meglio ponendolo la sera (di notte vanno tolti) su dei cristalli ialini a grappolo, preferibilmente. L'oro aiuta la nostra parte maschile, solare e l'argento aiuta la nostra parte femminile, lunare.

I metalli comuni della bigiotteria non giovano per niente. Si possono portare delle belle collane di pietre dure che sono curative e non costano molto.

Esistono anelli e braccialetti che riportano un disegno radionico (vedi capitolo sulla casa) molto protettivo. Il disegno agisce anche su carta. Protegge da incidenti, pensieri negativi ed in parte anche dall'inquinamento elettromagnetico.

Se dovete affrontare un ambiente particolarmente ostico, indossate qualcosa di rosso. Il colore rosso è molto prottetivo, ma usarlo troppo spesso innervosisce.

Per quanto riguarda gli oggetti più noti (corno, sale in tasca ed altri) personalmente non credo abbiano molta efficacia perché la superstizione è pur sempre una forma di paura.

Più importanti ancora sono le tecniche da praticare la mattina appena svegli e la sera prima di addormentarsi. Ripeto, quando sarete perfettamente centrati e purificati non avrete più bisogno di questi mezzi. Basta sentire l'amore divino che ci avvolge, ci protegge e ci benedice. Ognuno di noi ha almeno una guida spirituale ed un angelo personali sempre accanto.

Basta pensare questo per rendersi subito conto dell'assurdità delle paure.

La paura è solo mancanza di fede. Purtroppo non possono difenderci dai nostri pensieri negativi che rendono il nostro campo energetico (aura) soggetto a intrusioni varie. Come non possono difenderci (per libero arbitrio) da incontri negativi che ci andiamo a cercare. Frequentate il meno possibile persone non positive.

E' meglio un buon libro, piuttosto che un'ora di compagnia che ci lasci esausti. Le persone scollegate dalla fonte energetica superiore cercano di trarre energia dagli altri. Viene definito: vampirismo psichico.

Abbiamo il dovere di difenderci per due motivi:

- non possiamo permetterci di rimanere con poca energia, perché questo abbassa il nostro livello energetico e conseguentemente anche i nostri pensieri;

- se queste persone non si rendono conto (ad un qualche livello) che non gli è concesso trarre sempre energia dagli altri, non impareranno mai come entrare in contatto con la fonte divina per evolversi.

Lavorando su se stessi, equilibrando la propria parte maschile con quella femminile ed entrando in contatto con l'energia divina, la nostra crescita non ha più restrizioni. Torniamo alle tecniche.

Ripeto: la protezione più potente è la certezza dell'amore divino. Ricordarsene ogni giorno scioglie ogni paura.

All'inizio ero letteralmente terrorizzata dagli inquinamenti energetici.
Ero troppo ricettiva a tutto. Uno dei miei primi maestri mi insegnò ad avvolgermi in un bozzolo di luce bianca. L'ho fatto per qualche anno, ma poi ho capito che la protezione migliore per me era di visualizzare la mia luce espandersi per allontanarli. Questa luce parte dal centro di noi stessi e viene continuamente alimentata dall'alto.

Chiamare il proprio angelo o anche più angeli per accompagnarci durante il giorno e per vegliare sul nostro sonno.

Prendere un bicchiere a forma di coppa, riempirlo a metà di acqua e lasciarlo sul comodino accanto al letto.
L'acqua vi proteggerà e purificherà durante la notte.
Ricordarsi di svuotarlo ogni mattina e di riempirlo di acqua fresca.

Esiste una formula antica molto potente. Ho visto grandi cambiamenti in una frazione di secondo. Se si deve avere a che fare con una persona che cerca di crearci dei problemi o con la quale non ci sentiamo perfettamente in armonia, basta guardarla negli occhi e dire mentalmente la seguente frase:

IL CRISTO CHE E' IN ME SALUTA IL CRISTO CHE E'
IN TE.

Con questa affermazione entriamo direttamente in contatto con la parte migliore della persona. Persino il peggiore degli uomini ha qualcosa di buono come il migliore ha qualcosa di negativo. Per fare un esempio di come le energie non hanno limiti, vi racconto cosa è successo quando usai questa frase una sera che rientravo a casa e due brutti ceffi (uno in particolare) mi fissava con uno sguardo minaccioso.

Lo guardai dritto negli occhi e pronunciai la frase, ma lui sembrava non recepire.

Pochi secondi dopo il suo amico lo trascinò via, dicendo che non era aria.

La formula ovviamente non è solo protettiva, aiuta ad avvicinarsi più profondamente agli altri. Va benissimo usarla con chi ci è vicino per comunicare concetti importanti ed intimi, aumenta la comprensione reciproca.

Chi inizia il cammino è anche un ricercatore che desidera sperimentare su sè stesso per avere dei riscontri.

Personalmente ho trovato una "formula" che credo vada oltre, anche se non so dirvi né come né quanto.

Quando vedo che dicendo "Il Cristo che è in me saluta il Cristo che è in te", la frase arriva solo ad evitare uno scontro, ma nulla di più, guardo l'altra persona e dico semplicemente: FRATELLO.

Questo è un mio personalissimo modo per far fluire l'amore cosmico, forse perché in quel momento prendo coscienza del fatto che siamo stati generati dalla stessa fonte, che siamo UNO.

Con un pò di attenzione, senza chiedere troppo tutt'assieme e lasciandosi guidare dall'istinto ci si può anche divertire, sperimentando.

Avevo letto una volta di tracciare un segno di croce di luce bianca sulla testa dell'altra persona (mentalmente s'intende). Lo feci con un uomo dallo sguardo tanto magnetico che mi sentivo radiografata. Con mio stupore, l'uomo mi ringraziò. Era evidentemente un chiaroveggente. Queste esperienze aiutano anche a riconoscersi.

Pensare positivo è importantissimo. Siamo esseri divini e ci è stato donato il potere del verbo. Ogni parola ed ogni pensiero si materializza. Formulare un pensiero significa darsi un decreto che arriva direttamente all'inconscio. Anche qui occorre fare attenzione su come formuliamo l'ordine, per non creare confusioni al nostro inconscio, che, amandoci immensamente, asseconderà qualsiasi decreto gli arrivi.
Anzitutto mai usare la forma di negazione, ad esempio dicendo "non voglio morire" l'inconscio capirà "morire". Dicendo invece "voglio vivere" l'inconscio capirà "vivere". Trovare sempre l'affermazione positiva contraria alla situazione negativa che si desidera risolvere.
L'affermazione o meglio il decreto si attua subito se viene formulato al presente, come se l'avvenimento si sia già compiuto. Dicendo "sarò felice quando avrò una famiglia", oltre a porre una condizione vincolante e limitante alla propria felicità, ritarderà la sua venuta. L'inconscio rimanda ad un futuro remoto proprio come richiesto.
Una frase migliore potrebbe essere: "sono sana, libera e felice ed ho una bellissima famiglia". I superlativi non sono mai troppi.
Chiedendo poco si avrà poco. Perché limitare l'abbondante fluire dell'universo? Ci arriva comunque ciò

che è giusto per la nostra evoluzione e ciò che ci siamo meritati.

Dunque: affermazioni positive e al presente. Prendere coscienza delle parole che pronunciamo cambia completamente la vita. Significa un altro passo verso la scoperta della propria divinità.

Ogni volta che capita di darsi un decreto negativo si può annullarne gli effetti dicendo subito dopo:

NON LO ACCETTO, NE' PER ME, NE' PER TE, NE' PER GLI ALTRI.

CANCELLO,CANCELLO,CANCELLO

Vale per qualsiasi pensiero negativo nostro o pronunciato da altri. E' un modo per purificare le onde di pensiero negativo. Insegnatelo a più persone possibili, non importa se hanno letto questo libro o meno. Ciò che importa è che verranno annullati sempre più pensieri negativi, tanto dannosi per tutti. Ascoltando il telegiornale bisognerebbe ripeterlo in continuazione.

Anche quando dobbiamo dire cose negative per spiegare una situazione possiamo mentalmente cancellarle subito ripetendo "non lo accetto, ne' per me, ne' per te, ne' per gli altri. La carissima amica che me lo ha insegnato, propone questa formula come un gioco.

Giochiamo come bambini per entrare nel regno dei cieli.

Non distribuite molte fotografie, soprattutto a persone che non conoscete bene. Anzi, meno è meglio è. Il mio tono può sembrare allarmistico, ma ho avuto un'esperienza terrificante. Si può operare energeticamente sulla persona attraverso una fotografia.

Non è una diceria popolare, ma una realtà. Vorrei poter affermare che le fatture non esistono, ma ci sono passata personalmente. Questa esperienza ha indubbiamente contribuito alla mia evoluzione spirituale e oggi perdono la fautrice, perché si è resa strumento della mia crescita.

Il pensiero positivo ci difenderà da tutto ciò.

Nel caso vi sentiste particolarmente male senza motivo, ponete una fotografia dove apparite con tutta la figura dalla testa ai piedi e da soli, sopra un'immagine sacra.

Nei casi più gravi prendete una vaschetta e mettete sul fondo uno strato di sale grosso, la fotografia e un altro strato di sale grosso sopra. Orientate la testa a nord e cambiate il sale ogni giorno per almeno una settimana. Il sale vi purificherà e vi sentirete meglio già dopo tre giorni.

I NOSTRI RAPPORTI CON GLI ALTRI

DESIDERATA

"Ora ascolta la saggezza del saggio:
Va serenamente tra il rumore e la fretta, e ricorda quanta
pace ci può essere nel silenzio.
Nei limiti del possibile, senza doverti abbassare, sii in
buoni rapporti con tutti.
Di' la tua verità con calma e chiarezza; e ascolta gli altri,
anche i noiosi e gli ignoranti, anche loro hanno una storia
da raccontare.
Evita le persone assordanti e aggressive; esse
opprimono lo spirito.
Se ti paragoni agli altri, corri il rischio di far crescere in te
orgoglio e acredine, perché sempre ci saranno persone
più in basso o più in alto di te.
Gioisci dei tuoi successi cosi' come dei tuoi progetti.
Conserva l'interesse per il tuo lavoro, per quanto umile; è
ciò che realmente possiedi nelle sorti mutevoli del tempo.
Sii prudente nei tuoi affari, perché il mondo è pieno di
inganno. Ma fa che questo non accechi la tua capacità di
distinguere la virtù; molte persone lottano per grandi
ideali, e la vita è ovunque piena di eroismo.
Sii te stesso.
Soprattutto, non fingere negli affetti. E non essere
neppure cinico nei confronti dell'amore; poiché, a
dispetto di tutta l'aridità e le disillusioni, esso è perenne
come l'erba.

Accetta con benevolenza gli insegnamenti che derivano dagli anni, lasciando serenamente le cose della giovinezza.
Coltiva la forza dello spirito per proteggerti dall'improvvisa sfortuna.
Ma non angustiarti con cupe fantasticherie.
Molte paure nascono dalla stanchezza e dal sentirsi soli.
Al di là di una sana disciplina, sii mite con te stesso. Tu sei un figlio dell'universo, non meno degli alberi e delle stelle, è tuo diritto essere qui.
E che ti sia chiaro o no, non vi è dubbio che l'universo si stia rivelando a te, come dovrebbe.
Perciò, sii in pace con Dio, comunque tu lo concepisca, e quali che siano i tuoi travagli e le tue aspirazioni, conserva la pace con la tua anima pur nella rumorosa confusione della vita.
Con tutti i suoi inganni, i lavori ingrati e i sogni infranti, è pur sempre un mondo stupendo.
Sii allegro.
FA DI TUTTO PER ESSERE FELICE."

Manoscritto del 1692 trovato a Baltimora nell'antica chiesa di S. Paolo

E' un argomento vastissimo. Cercherò di limitarmi agli aspetti che ci aiutano a conoscerci. Tutte le persone con le quali entriamo in contatto hanno un qualche messaggio da trasmetterci, con un po' di allenamento diventa facile e divertente interpretarlo.

Devo fare una premessa che mi è costata anni di sofferenza per via della mia educazione. Mi hanno insegnato di fare l'impossibile per andare d'accordo con tutti e di continuare a perdonare ed accettare porgendo sempre l'altra guancia. E' quanto di più sbagliato possa esserci.

Ho sopportato insulti, minacce e tentativi di estorsione, anche di denaro, pur di mantenere un qualche tipo di rapporto con alcuni parenti. In quei momenti dimenticavo il rispetto per me stessa. Anche se dovesse trattarsi addirittura di vostra madre, lasciate perdere.

Allontanatevi nel miglior modo possibile. Continuare ad accettare maltrattamenti senza vero motivo (purtroppo succede più spesso di quanto si crede) non solo danneggia chi li riceve, ma spinge l'altro a continuare ad aggravare il suo karma. Mi ero lasciata ingannare dalla possibilità di redenzione per tutti.

Non è sempre cosi'.

Per anni ho continuato a pregare, a inviare luce, a rivolgermi agli angeli per tutelarmi da un parente stretto che mirava ad avere potere sulla mia vita.

Studiavo le leggi del karma e le travisavo. Non è detto che una persona vi faccia del male perché in un momento o vita precedente lo avete fatto a lei. Quella determinata persona entra in scena soprattutto per portare un insegnamento ed io dovevo proprio imparare a mostrare la mia forza.

Quando l'altro ha sentito il mio risveglio è crollato come un castello di sabbia. Lo stesso castello che mi aveva letteralmente terrorizzata per anni. La forza non è certamente urlare o spaccare le cose, come faceva lui, ma è la determinazione interiore a non sopportare più i soprusi.

Spesso in questi casi ci si allontanerà dall'altro definitivamente e quando succede è perché abbiamo capito, quindi non abbiamo più bisogno di quella realtà. Avrete notato una spinta emotiva nella premessa: finché sono rimasta vittima della mia emozione di paura e di rabbia ho sempre avuto la peggio. Distaccarsi può essere difficile quando si tratta di persone con le quali siamo cresciute. Abbiamo addosso un imprinting molto forte e loro lo sanno.

Qualche anno fa sono rimasta folgorata dai fiori di Bach e l'entrare in contatto con la filosofia di Edward Bach (scopritore della floriterapia) mi ha aiutata a capire le patologie delle relazioni. Un bimbo viene al mondo con i talenti ed i mezzi necessari per svolgere dei compiti sacri.

Sacri perché necessari alla propria anima. Ha scelto i propri genitori prima di incarnarsi per garantirsi la possibilità di compiere determinate esperienze.

Il problema consiste nel fatto che i genitori, influenzati a loro volta da certi insegnamenti che comunque hanno accettato, iniziano ad interferire fortemente nello sviluppo delle potenzialità del piccolo, soprattutto con divieti. "Non fare questo", "questo non sta bene" ed altri frasi che ben conosciamo. Alcuni moniti vengono ripetuti a volte senza nemmeno saperne il perché.

In questa sede non ci interessano i risvolti prettamente psicologici, peraltro molto importanti, ma portiamo l'attenzione sul fatto che il piccolo non sa che le persone lo stanno inconsciamente allontanando dal suo disegno animico. Come dicevo prima scegliamo i nostri genitori per assicurarci determinate esperienze, non per emularli. Prendiamo il loro messaggio solo come punto di partenza, non come limite.

Il rapporto con i genitori va riesaminato anche se si hanno sessant'anni, perché finché non ne abbiamo preso coscienza continuiamo ad essere in qualche modo una loro brutta copia.

Ognuno di noi ha la propria individualità, con qualità che possono portarci a superare il Maestro.

Durante questo lavoro verrà fuori il bisogno di perdonarli per le loro mancanze, ma non è colpa loro perché ognuno dà quello che ha.

Nella maggior parte dei casi ci hanno feriti perché non conoscevano altro comportamento. Visualizzateli, uno alla volta, la sera prima di addormentarvi e perdonateli dicendo:

IO TI PERDONO PER NON ESSERTI COMPORTATO COME IO AVREI VOLUTO TI COMPORTASSI. TI PERDONO, TI BENEDICO E TI LIBERO.

Forse durante questo esercizio (valido per tutte le persone che avete bisogno di perdonare) si presenterà l'altro genitore o un'altra persona che non pensavate di dover perdonare ed invece è proprio lei la prima a doverlo essere. Osservate come semplice spettatore cosa succede durante la visualizzazione . Faccio questo esercizio ogni volta che qualcuno mi irrita per non accumulare inutili risentimenti.

Una volta perdonate le persone si raggiunge spontaneamente il distacco necessario per liberarsi dai meccanismi che ci intrappolano.

Quando continuiamo a soffrire per qualcuno, gli permettiamo di continuare a ferirci. Tutto il dolore evitabile va eliminato per camminare nella gioia.
Le persone più sensibili arrivano a reiterare un dolore o un'offesa ricevuta da chi non si ricorda nemmeno più d'averlo inferto.
Come dice Kipling nel suo testamento morale al figlio, che ho voluto riportare più avanti in questo libro ;" se non riesce a ferirti il nemico nè l'amico più caro"............"Sei un uomo, figlio mio."
Il notissimo libro: La Profezia di Celestino, spiega anche che certe persone tendono a litigare per assorbire l'energia di chi hanno aggredito. Cerchiamo di lasciar cadere le liti per non alimentare i rancori e soprattutto per non permettere agli altri di fare i vampiri psichici, cioè di assorbire la nostra energia. Ho notato che quando si dichiara all'altro che abbiamo riconosciuto le sue tattiche, questi si ritrova disarmato.
La famiglia è la prima, vera palestra di vita e può essere a volte il karma più importante da sciogliere.
Raggiungere l'armonia con i propri cari è un primo passo fondamentale. La tecnica delle Costellazioni Familiari può essere di grande aiuto.

Ho conosciuto alcune persone che meditavano per il bene dell'umanità, per poi inviperirsi con chi gli era accanto. Iniziamo dal nostro nucleo, certo si può pregare sempre per la pace nel mondo, ma se ci sono problemi in casa, preghiamo prima per questi. Vivere nel quotidiano le parole in cui crediamo può essere difficile, specie quando siamo stanchi o scoraggiati, ma è la controprova più grande.

Purtroppo può succedere, all'inizio del cammino, che nonostante il nostro impegno e desiderio di rapportarci nel miglior modo possibile coi nostri fratelli (abbiamo tutti lo stesso padre = fonte energetica) di essere bruscamente investiti da cattiverie a cui non avremmo mai nemmeno pensato.

Azioni miseramente fini a sè stesse. La reazione più comune dopo lo sbigottimento iniziale è chiedersi il perché di una cattiveria cosi' assurda.

Se l'evento non ci appartiene in nessun modo, voglio dire se non vi è mai venuto in mente di compiere un'azione simile e l'attenzione è rivolta al proprio miglioramento, le spiegazioni secondo la mia esperienza sono diverse:

1) non si è ancora trovato il proprio centro, perciò si scatenano inconsciamente reazioni discordanti. Quando da ragazza non sopportavo qualcuno, ricordo che gli cadevano tutti gli oggetti intorno (e non era il noto fenomeno definito "poltergeist", cioè quando gli adolescenti provocano inconsciamente episodi di telecinesi. L'esempio più noto è delle porte che sbattono senza che vi sia qualcuno nelle vicinanze). Comunque queste situazioni di poltergeist si verificano proprio durante l'adolescenza, periodo di grandi cambiamenti anche interiori che possono sbilanciare le energie

2) come dicevo prima è un invito a sviluppare il proprio coraggio e a mostrare la nostra forza, magari solo affinché possiamo prenderne pienamente coscienza.
Una volta vissuta e capita un'esperienza non abbiamo più bisogno di ripeterla.(almeno teoricamente dovrebbe

essere cosi', ma siamo meravigliosi anche per le nostre imperfezioni)

3) sono specchi di sofferenza. Le persone che hanno ripetutamente rifiutato il cammino dell'anima e addirittura il nutrimento della mente non possono vedere nell'altro il maestro di quel giorno, perdendo così messaggi preziosi. Vedono solo cosa l'altro ha in più o in meno secondo i loro canoni, oppure cercano di rifarsi su chi non c'entra di ciò che hanno voluto subire

4) può essersi presentato un debito karmico da pagare, ma è sempre difficile averne la certezza. Se così fosse, vuol dire che siete perfettamente in grado di affrontarlo

5) può dare molta noia alle persone vedere che non si è più alla mercé delle loro parole. Chi ha bisogno del braccio di ferro al posto dell'abbraccio si sentirà debole e sferzerà colpi crudeli credendo che la situazione possa ritornare come prima. Chi ha deciso di non voler evolvere cercherà di bloccare anche gli è accanto. Non permettere ad un altro di evolversi è gravissimo.
La teologia definisce questa azione come peccato contro lo Spirito Santo.
I peccati contro lo Spirito Santo sono gli unici che non vengono perdonati

6) cercano di esorcizzare un loro problema scaricandolo sugli altri. Pensate un attimo in quale situazione si trova l'accusante. Dopo brevi indagini scoprirete che Il problema è a carico del mittente.

L'esperienza e il cammino spirituale mi portano ad incontrare sempre meno queste scenette, perché viste dal di fuori sembrano spesso spezzoni di films, ma quando mi capita di assistervi, anche indirettamente, mi chiedo se le persone non hanno proprio altro da fare. Una persona alla ricerca del Sè non ha tempo di occuparsi di pettegolezzi maligni, perchè sa che rallentano il cammino. Comunque se queste scenette continuano a presentarsi forse può essere un'indicazione per farci capire che inconsciamente crediamo di meritarlo. Vecchi sensi di colpa spuntano quando meno ce lo aspettiamo, come l'educazione che stentiamo ad abbandonare. Se nella nostra ricerca ci imbattiamo in un'idea di cui non abbiamo più bisogno, buttiamola via dicendo:

LASCIO ANDARE E TRASFORMO.

Pronunciare questa frase più volte con la piena coscienza del suo significato aiuta immediatamente. Per potenziarne l'azione si può passare la mano destra sul cuore, come se si volesse afferrare materialmente la vecchia idea, e scuoterla con forza verso la terra per tre volte.

Tra gli infiniti incontri troviamo anche persone che ci lasciano quantomeno perplessi, perché hanno l'atteggiamento costante dei vincenti. Hanno immancabilmente un lavoro "importante", una/un moglie/marito bellissimi con bambini da copertina , almeno secondo loro. Sempre abbronzati, non perché amano la montagna, ma perché fa tendenza. Di quel minimo che non possono avere materialmente dicono che è assurdo e stupido (la volpe con l'uva). Sanno sempre qualcosa in più degli altri e con studiata noncuranza lo fanno capire allo sventurato interlocutore. Hanno bisogno di sentirsi invidiati. Chi è davvero baciato in fronte dalla dea bendata non sente il bisogno di ostentarlo, anzi è disponibilissimo ed umile.

Gli "arrivati" la raccontano e se la raccontano. Dietro la maschera spesso si trova un'enorme senso di inferiorità e di insicurezza.

Lo sbruffone non è forse fondamentalmente timido?

Difficilmente l'isolamento totale rientra nell'esperienza di chi si è incarnato in occidente. Abbiamo bisogno dei nostri fratelli, perché il confronto è importante ed arricchente. L'autodidatta ha spesso una visione limitata della realtà.

Lo scambio avviene a più livelli ed aiuta a diminuire anche i ristagni di energia. Ci offre la grande possibilità di acquisire esperienze attraverso i racconti altrui, evitandoci l'eventualità di doverle vivere magari dolorosamente per imparare quella stessa lezione.

Come la gioia di condividere le proprie esperienze e trarne più spunti grazie alle ottiche diverse. Avere la fortuna di trovare qualcuno che pronunci le parole giuste al momento giusto, che forse già conoscevamo, ma che ci siamo dimenticati proprio nel momento di maggior bisogno, è un conforto inestimabile. Il gruppo è un grande aiuto ed anche quando siamo noi a dare, riceviamo comunque.

Nei momenti di solitudine o semplicemente quando mi sento di farlo, esco ed in mezzo alla folla, ispirandomi ad una meditazione zen, inizio a distribuire amore. Anzitutto mentalmente cerco di chiamare i passanti fratelli e visualizzo una luce rosa o bianca che pian piano si espande sempre più fino ad inondare la città. In questi momenti di grande comunione, non ricordo più il significato della solitudine, perché mi sento in completa armonia con i miei fratelli anche perché ad un qualche livello mi hanno rimandato amore.

Siamo tutti collegati anche se sempre più isolati dal tipo di vita che abbiamo scelto.

Uno dei miei sogni che per il momento ho riposto nel cassetto è di aprire un locale tipo sala da thè, ma con grandi tavoli, di modo che le persone si trovino quasi costrette a socializzare. Un posto dove servire le bibite più insolite, anche di paesi lontani, con a disposizione libri e giochi in modo da far sentire a suo agio anche la persona arrivata da sola. Avrete sicuramente notato che quando entrate in un bar da soli bevete velocemente per un senso di disagio che può bloccare qualsiasi forma di incontro.

Alcuni atteggiamenti degli altri vi danno noia? Saranno mica i vostri?

Quando certi atteggiamenti in altre persone vi fanno saltare i nervi, vuol dire che rispecchiano qualcosa dentro che non si vuole accettare. La verifica si ha quando sono atteggiamenti oggettivamente accettabili e si ha una reazione abnorme. Abbiamo infinite occasioni per conoscerci.

Può succedere quando magari ci si sente un pò giù di tono, di sentirsi leggermente in soggezione. Sappiamo bene che nessuno è meglio e nessuno è peggio di noi, ma se dovesse capitare, ricordatevi che ogni essere

umano ha le sue paure, debolezze e mancanze e vi
sentirete immediatamente più a vostro agio.

In questo capitolo non poteva mancare il rapporto di
coppia. Chi mi conosce starà già ridendo. Credo di aver
tormentato praticamente tutti in passato per la ricerca
del compagno del mio viaggio.
L'ultima delusione sentimentale, la più forte, mi ha
finalmente portata a capire, con l'enorme aiuto dei miei
instancabili maestri, diverse lezioni molto importanti.
Avrete senz'altro pensato o sentito parlare di questi
concetti, ma spesso rimangono a livello mentale,
impedendoci di andare avanti. Li ripeterò comunque con
la speranza di aggiungere una sfumatura che non
conoscevate.

1) Il primo concetto è nel capitolo "Una via, mille vie:
l'amore". Non possiamo amare un altro se non amiamo
noi stessi.
Questa frase mi ha mandata in bestia per oltre un
decennio. Belle parole, giuste ed appropriate; ma cosa
significa, tradotto nella realtà?
La mia risposta di oggi è di cercare prima di tutto la
propria strada ed intraprendere le esperienze necessarie
per la nostra evoluzione personale.
Il proprio cammino dovrebbe essere sempre al primo
posto.
Questo non significa che debba essere a discapito di
altri, significa solo che è necessario trovare sempre un
momento nell'arco della giornata per sè stessi, per fare
gli esercizi spirituali e magari seguire anche un nostro
hobby o tuffarsi in un buon libro per continuare ad
arricchirci.

Siamo tentati a volte, le donne soprattutto, ad investire tutte le nostre forze nel compagno. In questo modo dipendiamo sempre più da lui o lei ed esauriamo la nostra energia. Il compagno non ha il dovere di alimentarci, questo spetta solo a noi. Consiglio di occuparsi della ricerca del lavoro più adatto e di trovare dei canali d'espressione. Il bricolage, l'uncinetto qualsiasi attività che ci permetta di esprimerci liberamente, in modo da lasciar fluire la nostra creatività. Sbloccare questa creatività definita superiore può aiutare a rimuovere un blocco della procreazione, altra grande creatività, perché tutto è collegato.

Basta fare i primi piccoli passi per vedere le occasioni venirci incontro.

Amarsi significa anche rispettarsi. Non permettere più soprusi. Prendersi cura di sè stessi come si farebbe per un bambino appena nato.

Un passo indispensabile, secondo me, per capirsi ed amarsi, consiste proprio nel lavoro sul bambino interiore, perché proprio durante i primi anni della nostra vita si forma il carattere. Esistono diverse meditazioni per mettersi in contatto col nostro bambino interiore e le consiglio vivamente perché possono darci molte risposte indispensabili per amarci .

Vi descrivo quella che ho praticato con maggior assiduità.

Prima di iniziare visualizzate il vostro luogo magico, lo conoscete soltanto voi e nessun altro. Può essere reale o fantastico, l'importante è che sia il più bello e il più giusto per voi. In questo luogo può compiersi ogni alchimia, non vi sono limiti di tempo o di spazio. Qui dimorano maghi, angeli o qualsiasi altra figura possa aiutarvi assieme ad ogni rimedio che possa servirvi.

Mettetevi nella vostra abituale posizione di meditazione, aiutandovi magari con della musica adatta, accendendo una candela e dell'incenso.

Fate dei respiri profondi e se non avete la possibilità di farvi guidare le prime volte, potete incidere una cassetta nella quale chiedete di poter incontrare il vostro bambino interiore.

Forse si presenterà come neonato o come scolaro, non importa. Chiedetegli se potete avvicinarvi e sorridendogli fategli capire che venite in pace e che gli volete bene.

Come è questo bambino?

Triste, sorridente o si sente tanto solo? Avvicinatevi e domandategli come si sente, non occorre che vi sforziate di ricordare le sue risposte, lo farete comunque.

Con tono dolce e rassicurante ditegli: cosa posso fare per te, per renderti felice? Una volta ricevuta la risposta fategli capire che è vostra intenzione esaudirlo.

Ringraziatelo per essere venuto e colmatelo di amore.

Andategli incontro con le braccia spalancate e vedete se desidera essere abbracciato o meno: il bambino lo desidera quasi sempre.

Diteglì ancora quanto gli volete bene e se potete tornare a visitarlo.

E' un esercizio molto semplice, ma importantissimo per capire i traumi infantili non ancora rimarginati e che continuano a ripercuotersi nella quotidianità.

Mi ricollego anche alla psicologia ora, dicendovi che il nostro concetto di amare e di essere amati si forma proprio nei primi anni della vita.

Se i nostri genitori ci dicevano che ci avrebbero amati solo se avessimo fatto quello che dicevano o volevano

loro, probabilmente ora abbiamo la convinzione che riceviamo amore solo per ciò che facciamo e non per ciò che siamo.
Un ricatto che dura una vita e non ha niente a che fare con l'amore.
Un errore di base che ci condurrà ad incontrare ed a scegliere persone che,
se in mala fede, cercheranno in qualche modo di approfittare di noi.
Oppure addirittura a inseguire un modello di genitore violento od oppressivo, come compagno. Ognuno può dare solo ciò che conosce, questo esercizio non serve certamente per recriminare sui nostri genitori o altre figure importanti della nostra infanzia; è mirato solo alla guarigione, che passerà anche attraverso il perdono.
Il risveglio della propria coscienza aiuta a prendersi la responsabilità della propria vita; per non sentirsi più in balia del fato, disfarsi di ciò che non serve più e arreca sofferenza. Serve ad iniziare a scoprire le proprie potenzialità, ma soprattutto la propria divinità. Ognuno di noi è un essere divino perchè creato dal Divino; riconoscendolo, amiamo ancor di più chi ci ha creati.

2) Il secondo concetto è collegato al primo. Quando dentro di noi vi è un bisogno molto forte, le altre persone lo avvertono e si allontanano. Paradossalmente provochiamo il contrario di ciò che vorremmo.
Un forte anelito indica una nostra mancanza e non possiamo pretendere che un'altra persona la colmi. Ciò che maggiormente vorremmo colmare è la solitudine.
Potrei scrivere un trattato sulla solitudine, ne riconosco la vibrazione a distanza perché l'ho vissuta per molto tempo sotto diversi aspetti.

Ma la solitudine peggiore è quella che si vive in mezzo agli altri .

Cercare qualcuno o aggrapparsi ad una persona solo per la paura di rimanere soli significa condannarsi ad essa.

Forse si è ancora soli per studiare meglio, per ascoltarsi di più o per qualsiasi motivo di ricerca che si compie meglio nel silenzio.

Quando si instaura un dialogo interiore, questa condizione diventa costruttiva.

Ripeto ancora di cercare la propria strada, di occuparsi della propria vita in modo da essere sempre più equilibrati e sereni. Più siamo sereni più facilmente arriverà l'incontro tanto atteso.

Un incontro da vivere pienamente, senza paure.

A tutto vi è un motivo ed ogni cosa arriva al momento giusto.

Nel frattempo, approfittiamo di questa libertà per fare esperienze difficilmente attuabili in coppia.

L'esercizio più bello che mi è stato insegnato per incontrare il compagno giusto è il seguente:

Ogni sera prima di addormentarsi e ogni mattina appena svegliati visualizzate una luce, solo una luce senza aggiungervi altro e dire:

"buongiorno, amore" la mattina e "buonanotte, amore" la sera.

Questo esercizio richiama la persona giusta per noi a livello dell'anima. Continuate a farlo finché non avrete incontrato la persona ed anche dopo l'incontro per almeno sei mesi per allontanare eventuali incontri non adatti.

3) La terza lezione è forse la più difficile da spiegare.
Tutti sappiamo che siamo composti di energia maschile,
yang e di energia femminile, yin perché senza dualità
non possiamo manifestarci qui sulla terra.
Si dice che l'attrazione nasca dalla perfetta
complementarietà di queste due energie tra uomo e
donna.
Volendo fare un esempio un pò empirico, mettiamo che
una donna in un certo periodo della sua vita abbia 60%
di energia yin e 40% di energia yang e che incontri un
uomo con 60%di energia yang e 40% di energia yin.
Teoricamente dovrebbero provare una fortissima
attrazione l'una per l'altro e l'eventuale rapporto fisico, se
fatto con il desiderio di comunicare con l'altro e non solo
per appagamento personale, dovrebbe equilibrare le due
persone. Personalmente non condivido pienamente la
spiegazione dell'attrazione dovuta alle percentuali
yin/yang perchè le nostre energie sono in continuo
mutamento, anche per compensare situazioni esterne.
Occorre fare un passo in più.
Guarire il proprio maschile ed il proprio femminile.
Non spaventatevi, ci si riesce.
Anche a costo di essere ripetitiva, vi dico che bisogna
anzitutto andare a vedere i nostri modelli di femminile e
di maschile (madre e padre) e curare il nostro rapporto
con loro. Poi cercare di capire i modelli che ci hanno
trasmesso, quelli sessuali compresi. Il nostro corpo ci
guiderà in questo viaggio. I dolori o altri problemi di
salute si trovano nella parte destra o sinistra del corpo?
La parte destra del corpo corrisponde al padre (maschile)
e all'emisfero sinistro del cervello che regola la
razionalità.

La parte sinistra corrisponde alla madre (femminile) e all'emisfero destro del cervello che regola le intuizioni, il sentire.

Quando una parte del corpo è più colpita dell'altra, abbiamo la certezza di dover iniziare a lavorare sull'energia corrispondente. Studiare le caratteristiche dello yin e dello yang fornisce altre indicazioni utili .

Chi ha problemi con il maschile avrà limitato la sua espansione a qualche livello o forse ha delegato decisioni importanti riguardanti la sua vita ad altri.

Chi ha problemi con il femminile avrà soffocato le sue intuizioni con la razionalità o non è mai stato ricettivo.

Un testo di medicina cinese può fornire altre delucidazioni.

Vi troverete anche le caratteristiche fisiche delle persone che hanno più energia di un tipo anziché di un altro. Si dice che le persone con i capelli e gli occhi chiari siano tendenzialmente yang, mentre le persone con occhi scuri e pelle olivastra siano tendenzialmente yin.

Questo studio riguarda comunque solo una parte del lavoro da farsi.

Occorre tirare fuori le caratteristiche maschili o femminili finora trattenute.

L'occidente ha tra le sue gravi pecche quella di voler sempre scindere le cose: il bene dal male, la notte dal giorno, il femminile dal maschile.

Dobbiamo imparare ad integrare per raggiungere l'armonia.

Il famoso simbolo del tao è l'esempio più conosciuto; nel bene c'è sempre un pò di male e nel male c'è sempre un pò di bene.

L'essere umano non è classificabile, a dispetto di coloro che vorrebbero bollare, con l'illusione di controllare meglio.

La stesura di questo scritto mi sta aiutando a capire come sono fortunata.

Il mio desiderio mi ha portata ad incontrare persone più avanti di me sul sentiero, che mi hanno insegnato anche questa tecnica che ora vi spiego per equilibrare il maschile e il femminile dentro di noi.

Sedetevi nel semiloto o su una sedia.

Fate almeno tre respirazioni profonde e chiudete gli occhi.

Ora spalancate le braccia tenendole all'altezza delle spalle circa ed i palmi delle mani rivolte verso l'alto.

Sulla mano destra visualizzate il sole, il maschile e sulla mano sinistra visualizzate la luna, il femminile e lasciate fluire l'energia.

Basta richiamare l'energia per attingerla perché non ha limiti di spazio e di tempo.

Dopo un minuto o due, quando vi sentite pronti unite le mani all'altezza del viso velocemente con forza facendo anche rumore, come nel gesto di applaudire, e tenendole sempre unite, fatele scivolare giù lungo il corpo. Questo esercizio può essere fatto anche tutti i giorni.

4) Molte persone sposate o accompagnate da tempo, si lamentano continuamente del/della loro compagno/a; parlano per ore di come vorrebbero che fosse. Qualcuno prova a cambiare il partner, ma inutilmente.

Non si può cambiare un'altra persona secondo un prototipo ideato da noi.

Ci si svilisce entrambi.

Però possiamo cambiare noi, cercare il compagno dentro di noi (il proprio maschile o femminile). Non importa cosa succederà, sarà senz'altro il meglio per entrambi, anche se solitamente il nostro miglioramento personale modifica in positivo il rapporto di coppia. Cambiare porta ad attingere nuove energie che si ripercuotono su ogni sfera della nostra esistenza.

Le persone oggi tendono a sposarsi in età più avanzata rispetto ad un tempo, perché desiderano realizzare altri aspetti della loro vita. Alcuni dicono che fra cento anni non esisterà più l'istituzione del matrimonio. Gli uomini e le donne percorreranno dei tratti di strada insieme, magari anche avendo figli, ma non si vincoleranno più come in passato. Probabilmente saremo un gradino più avanti nella nostra evoluzione e non avremo più bisogno delle cosiddette certezze, perché le avremo trovate finalmente dentro di noi.

Partecipai ad un'esperienza alquanto forte qualche anno fa.
L'incontro voleva creare disorientamento, ovviamente senza preavviso e ognuno ha tratto conseguenze molto diverse.
Alcuni si sono infuriati, altri sono scappati ed in mezzo a questo fermento, ho capito la differenza spirituale tra uomo e donna, di cui ho trovato poi conferma approfondendo lo studio dei chakras.
L'evoluzione dell'uomo parte dalla testa, lo studio ed i concetti vengono accettati solo dopo oculati ragionamenti (parlo ovviamente in linea di massima, le eccezioni esistono sempre) per poi passare al cuore.

La donna arriva più col sentire ed ha poi bisogno di razionalizzare le sue intuizioni per confermare ciò che ha capito.

Nei seminari di discipline spirituali troverete più donne che uomini.

Gli uomini parteciperanno solo dopo aver studiato l'argomento, è più difficile che accettino di vivere subito l'esperienza.

Non è una critica: sono strutturati cosi'.

Ed una volta pronti sono un ottimo supporto per chi ha provato senza porsi troppe domande.

Più ci avviciniamo alle leggi dell'universo più ci rendiamo conto della sua perfezione e di come ogni cosa abbia un significato ben preciso.

I nostri organi genitali si trovano dove sono con lo scopo di equilibrarci.

Mi spiego meglio.

Tenete presente la posizione dei sette principali chakras lungo la colonna vertebrale. Nei rapporti sessuali uno è spesso sdraiato sull'altro ed i vortici di energia combaciano. Se c'è amore, o almeno un grande rispetto, e si ha l'intenzione di entrare veramente in contatto con l'altro, le energie vanno a livellarsi automaticamente. L'energia del cuore della donna aiuterà l'energia mentale dell'uomo a scendere verso il cardiaco dell'uomo e viceversa. L'integrazione ovviamente si verificherà per ogni chakra e in quel momento si forma un cerchio energetico senza inizio nè fine. Il tantrismo afferma che il cerchio viene spezzato al momento del coito, ma per la nostra cultura è difficile rinunciarvi. Rimanere abbracciati a lungo ripristina lo scambio e permette movimenti energetici a livelli più sottili.

La medicina cinese suggerisce delle posizioni di coito per rinvigorire diverse funzioni vitali. Guardando le figure scoppiai a ridere perché per attuarne alcune occorrono capacità veramente atletiche, ma ci si può sempre divertire a provare.

Sia che gli incontri e le esperienze che ne conseguono, risultino per noi positive o meno, avremo comunque imparato molto su di noi, sull'altra persona e sulla vita. Siamo noi gli artefici; come siamo artefici di tutti gli aspetti della nostra esistenza.
E' la nostra forza interiore ad attirare o a respingere persone ed avvenimenti. Se ci capita dunque di ripetere più volte lo stesso film e non ci piace, affrettiamoci a cambiare la regia.

Rimane ancora un aspetto importante che si verifica senza dubbio quando decidiamo di andare un pò controcorrente occupandoci dell'anima.
In alcuni casi il nuovo atteggiamento può diventare scomodo per le altre persone e le reazioni saranno le più disparate.
L'entusiasmo del neofita può spingere a parlarne con chicchessia, attirandosi critiche o beffe.
Proseguendo il cammino di conoscenza, si arriverà a sentire le vibrazioni altrui e a ritrovarsi soprattutto con persone già disponibili verso l'evoluzione personale; ma i primi tempi non sempre sono cosi' facili.
Sappiamo che ognuno di noi ha la sua strada ed ogni strada è in qualche modo spirituale perchè se ne trae comunque un'esperienza.
Non spetta certamente a noi giudicare. Se desideriamo comunicare la nostra ricerca, cerchiamo anzitutto di

andare incontro agli altri usando per quanto possibile il loro linguaggio.

Fare sfoggio di una nuova cultura, magari con termini sanscriti, allontana le persone e dimostra che non si è compreso il profondo significato degli insegnamenti. Lo preciso solo perché ho assistito diverse volte a conversazioni del genere.

Ognuno ha i suoi tempi e modi.

Evolvere noi, significa aiutare l'evoluzione altrui, anche nel silenzio.

Non abbiamo assolutamente niente da insegnare; possiamo solo aiutare a tirare fuori la conoscenza che giace nell'anima di ognuno.

Quando si avverte che il momento è giusto si può cercare di seminare, basta molto meno di quel che si pensa. Una parola o un gesto può essere più che sufficiente per risvegliare la parte migliore dei nostri fratelli.

Voler trasmettere ciò che si è ricevuto non è solo un desiderio, ma è anche un dovere. Se abbiamo ricevuto molto ora tocca a noi dare.

Le energie fluiscono continuamente, come gli insegnamenti che possono innalzare il livello vibratorio di chi incontriamo per "caso".

Il Cosmico si avvale di messaggeri che non entrano in merito sul come trasmettere il messaggio. Quando c'è un forte impulso è il momento di parlare, come è giusto rendere un servizio parlando su richiesta.

La conversazione nascerà nello scompartimento del treno spontaneamente, magari perché i passeggeri guarderanno con particolare curiosità un libro che stiamo leggendo.

Sapere qualcosa in più comporta metterlo al servizio degli altri.

Nel novero delle amicizie si presenterà la possibilità di dichiarare i propri interessi. Sarà sufficiente menzionare una delle discipline più note di cui ci si occupa e se si dovesse scatenare l'ilarità del gruppo (gli uomini hanno sempre avuto paura dell'ignoto) le risposte possono essere diverse:

anzitutto la nostra risposta interiore non dovrebbe essere di reazione ad un'offesa. Ognuno dice quello che sa e forse quelle persone stanno percorrendo una strada parallela. L'intelligenza l'usi chi l'ha.
Cristo non è forse stato crocefisso? Certo non siamo come Lui, ma quel poco che abbiamo acquisito usiamolo al meglio. Mostrarsi irritati favorisce le pungolature, perché permetterlo?

cerchiamo di vedere chi ci rivolge alcune parole invece di altre. In qualche caso sarà necessario disarmarli dicendo loro che hanno ragione.
Solitamente rimangono di stucco perché speravano di continuare un processo in cui si sentivano avvantaggiati dalla forza dei numeri. "Ma ragiona, ma guarda... tutto il mondo fa come noi".
Siamo l'unità, cioè siamo collegati al tutto, ma siamo anche entità individuali. Seguire l'esempio della società può sembrare rassicurante, "se lo fanno tutti significa che sarà giusto così" sentiamo spesso dire.
Come mai allora in questa società tante persone sono depresse ?
Non sanno chi sono o cosa vogliono?

Andare controcorrente solo per immergersi pienamente in essa.
Distinguere per capire meglio e quindi usare meglio la conoscenza. Espressioni ermetiche sulle prime, ma sempre più chiare dopo ogni gradino .

Un pomeriggio in spiaggia mi era venuto spontaneo sedermi nella posizione del semiloto, chiudere gli occhi e volger i palmi delle mani all'insù. Un ragazzo dietro di me si mise a canticchiare "Arichrisna, Arichrisna", mi voltai e gli sorrisi. Mi chiese immediatamente scusa. Avevo comunque sbagliato io, perché non abbiamo il diritto di mettere le persone in imbarazzo.
Quando sarà il momento di parlarne i segnali arriveranno chiari e forti.

I nostri cari potranno essere seriamente preoccupati perché purtroppo si sente spesso parlare di sette che approfittano dello smarrimento, comune a tutti gli uomini, in qualche momento della vita.
Purtroppo bisogna dire che questa possibilità è sempre presente.
Basta rassicurarli con il nostro comportamento senza indugiare nell'esteriorità delle pratiche.
Le tecniche possono servire per risvegliare la parte energetica corrispondente in noi come i simboli.
Apro una piccola parentesi per invitarvi a prestare attenzione nel loro uso.
I simboli possono essere usati solo se si conoscono molto bene e le prime volte vanno adoperati assieme alla persona che ve li ha trasmessi.

I simboli sono potenti ed esiste la possibilità che vadano a scatenare meccanismi che poi non riusciamo a controllare.

Oggi abbiamo a disposizione molte più informazioni rispetto ad un tempo in cui l'allievo veniva prima sottoposto alle prove iniziatiche; ma avevano proprio lo scopo di evitare un apprendimento sconsiderato.

Inoltre purtroppo esiste l'eventualità che l'individuo poi scelga di usare questi strumenti a fin di male.

Le energie cosmiche solitamente bloccano questi processi, ma non sappiamo mai come e quando.

Sebbene alcune persone potranno dimostrarsi sulle prime disponibili al confronto, mi è già capitato di vedere in un secondo momento, tentativi di ritorsione abbastanza forti in miei attimi di debolezza.

Del tipo: "Come mai con tutte quelle cose che dici ti ritrovi così. Vedi che non servono a niente".

Sinceramente preferisco le persone che si dichiarano apertamente contrarie, ci si continuerà a volere bene per motivi altrettanto validi.

Per quanto riguarda coloro che tengono in serbo commenti e rimproveri...

è un'occasione per imparare a distinguere meglio i nostri interlocutori.

I gruppi che hanno deciso di adottare un comportamento "intellettuale" si mostrano ostentatamente aperti verso ogni sorta di diversità e quindi anche verso l'esoterismo (esoterismo: a conoscenza di pochi al contrario di essoterismo: a conoscenza di molti). In questi casi può essere rilassante poter parlare liberamente, ma dopo

subentra una forma di delusione, perchè si percepisce che è solo un atteggiamento.
Si corre il rischio del puro intellettualismo anche all'interno di gruppi spirituali. Mi permetto di dire che questo approccio può essere quasi fisiologico all'inizio, l'importante è che non persista.
E' "normale" (uso questa parola anche se non dovrei, perchè è molto limitante)che si cerchino conferme in chi ci è vicino. Non sempre è possibile e non sempre è giusto.
Troveremo le conferme nel cuore nella serenità interiore e quando necessario anche all'esterno. Prenderemo per caso un libro sullo scaffale di una libreria e troveremo lo stesso identico pensiero. Incontreremo un conoscente che ci parlerà delle stesse idee e credetemi, si avverte una grande gioia quando succede. Poter far parte di un gruppo che segue la stessa ricerca è un enorme aiuto. Ci si incoraggia a vicenda e si cresce più in fretta, scambiandosi le esperienze .

Con molti è giusto avere un altro tipo di rapporto che è sempre spirituale. Rispettarsi, volersi bene e darsi una mano a vicenda. Come dice l'antico manoscritto riportato prima, ognuno ha la sua storia da raccontare.

Lungo la strada si sentirà parlare del distacco emotivo necessario per evolversi e per aiutare meglio il prossimo. In un primo momento può sembrare assurdo, anzi contrario alla legge d'amore. Con il tempo e l'esperienza lo si impara. In un momento di grande sofferenza coniai la prima parte di questa frase e nel forte dolore successivo il seguito:

Nessuno prima di Dio, nessuno prima di me.

Può sembrare presuntuosa, ma è solo la sintesi (ormai avrete capito che sono strutturata così) di anni di dolore. Sono figlia unica, mio padre era già transitato da diversi anni quando mia madre, l'unico grande affetto rimastomi si è aggravata al punto di porre termine al suo viaggio qui.
Ero completamente sola con diversi problemi da risolvere.
Ci viene insegnato di ringraziare per ciò che abbiamo .
In quei momenti sebbene avessi da ringraziare per la salute, per il cibo che mangiavo e per la vita, il dolore mi attanagliava il cuore.
Un gesto della Misericordia mi fece capire con il cuore e non più solo con la testa, che tutto e tutti possono venirci a mancare da un momento all'altro.
L'amore continua ad essere, loro continuano ad essere, ma su un altro piano. In molti casi possono esserci più vicini di prima, ma la nostra debole carne chiede continuamente la possibilità di poterli abbracciare.
Per quanto forte possa essere il legame tutto è soggetto a mutamenti,
l'unica costante nella nostra esistenza è la presenza del Dio della nostra comprensione.
Nessuno prima di Dio.
Ho raccontato questa parte di me solo per invitarvi a rivedere gli affetti e a rafforzarli in tempo, di modo che quando sarà il momento, questo verrà affrontato con la consapevolezza che i mutamenti fanno parte della nostra evoluzione.
Nessuno prima di me.

Lo pronunciai quando feci il terribile errore di affidare la mia vita ad un altro. Stavo per sposarmi e per rimanere vicina alla persona che amavo profondamente, cambiai casa e città. Ero innamoratissima di lui ed avevamo, ma oggi dico avevo, progettato gran parte delle nostre vite insieme.

Lavoro in comune, interessi molto complementari ed apparentemente avevamo entrambi un forte desiderio di ricerca.

Ricordo che ringraziavo ogni mattina e ogni sera Dio per averlo incontrato, sembrava la risposta a tutte le mie preghiere.

Ultimati i lavori e a trasloco avvenuto, quest'uomo mi comunicò che non desiderava più rimanere con me.

Ero completamente disorientata.

Mi trovavo in una città dove non conoscevo nessuno e dovevo continuare a vederlo tutti i giorni per motivi di lavoro. Gli errori non erano finiti lì.

Avrei e credo in parte d'aver fatto ogni cosa possibile per aiutare lui e noi a scapito di me stessa. Nessuno prima di me.

Ero ancora attaccata all'ideale romantico, secondo il quale è giusto dare la vita per il proprio uomo, ma è una forma d'amore con molti limiti e l'amore non può certo averne.Anche in questo caso il nostro tragitto comune era finito e dovevamo separarci per proseguire, ma mi ero ridotta a zoppicare.

Gli aiuti sono arrivati copiosamente ed ho deciso di trasformare il dolore in ricerca. Non sono più la stessa e ciò che ho acquisito non ha prezzo.

per quanto concerne i rapporti con i figli, Kahlil Gibran risponde in modo ineguagliabile:

I vostri figli non sono figli vostri.
Sono figli e figlie della sete che la vita ha di sè stessa.
Essi vengono attraverso di voi, ma non da voi,
E benché vivano con voi non vi appartengono.

Potete donar loro l'amore ma non i vostri pensieri:
Essi hanno i loro pensieri.
Potete offrire rifugio ai loro corpi ma non alle loro anime:
Esse abitano la casa del domani, che non vi sarà
concesso visitare neppure in sogno.
Potete tentare di essere simili a loro, ma non farli simili a
voi:
La vita procede e non s'attarda sul passato.
Voi siete gli archi da cui i figli, come frecce vive,
sono scoccati in avanti.
L'Arciere vede il bersaglio sul sentiero dell'infinito,
e vi tende con forza affinché le sue frecce
vadano rapide e lontane.
Affidatevi con gioia alla mano dell'Arciere;
Poiché come ama il volo della freccia, così ama
la fermezza dell'arco.

Avrete senz'altro sentito la frase : "siamo qui di
passaggio"; ed è proprio così. Ma quando un nostro caro
ha terminato le sue esperienze e compiti qui, e transita
verso un'altra dimensione, ce ne dimentichiamo.
E' umano ed è anche giusto che le lacrime sgorghino dal
profondo, ma non accettarlo significa impedire all'amato
di evolvere.

Il nostro dolore richiama a questa dimensione la persona appena transitata. Transitata, non morta.

E' tutt'altro che morta.

Ha solo abbandonato il suo veicolo fisico che non gli serviva più per meglio manifestarsi su un altro piano.

I nostri cari ci vedono e possono amarci molto più di prima perché non sono più vincolati dalla materia . In nome dell'amore e dell'affetto che proviamo per la persona, cerchiamo di pensare al suo massimo bene invece che al nostro grande dolore.

Si può continuare a parlare con lei perchè ci sente sicuramente, specialmente i primi giorni, anche se i primi giorni sono proprio i più difficili per i defunti.

Molti sutra (termine sanscrito che significa "testo sacro") spiegano come al momento del distacco l'anima rivede tutta l'esistenza terrena appena terminata, per cogliere gli insegnamenti e le esperienze più importanti ed ha bisogno di molta energia per compiere questa revisione.

Portare fiori ai defunti non è una formalità come oggi pensiamo, ma un aiuto in più, perché il loro profumo aiuta questo processo, come le nostre preghiere e soprattutto la veglia.

La veglia funebre, sempre più in disuso, è importantissima per chi è appena transitato, perché è di gran conforto durante l'inizio del lungo viaggio.

Con i suoi cari vicino, il defunto si sente meno solo e spaventato nell'avviarsi verso una destinazione che ha dimenticato, perché la destinazione è molto simile al punto di partenza, ma come dicevano i greci, prima di nascere beviamo alla fonte del Lete, che cancella la memoria.

Preghiera, amore, conforto, vicinanza fisica e spirituale, fiori, candele e incenso per accompagnare, fin dove ci è concesso, i nostri cari.

Spesso arrivano le anime di persone care al defunto assieme agli angeli del trapasso, per condurlo lungo il viaggio più misterioso della vita.

Anche i nostri fratelli del regno animale possono aiutare nel trapasso. Vengono definiti animali psicopompi.

Ne avevo sentito parlare anche durante il viaggio in Egitto svoltosi poche settimane prima del transito di mio padre ed al suo funerale si verificò un episodio particolare. Durante la funzione entrò un gatto mai visto prima in chiesa. Fu letteralmente buttato fuori più volte, ma dopo vari tentativi entrò ugualmente. Mi passò accanto e passeggiò sotto la bara di mio padre, andò a strusciarsi vicino alla tonaca del prete mentre benediva la salma e al momento del requiem passò sopra i pedali dell'organo.

Il funerale ebbe luogo nel suo paese di nascita, dove vi è ancora l'usanza molto bella di accompagnare la salma al cimitero a piedi.

Durante il corteo, il gatto raggiunse me e mia madre a grandi passi e rimase sempre tra noi e la bara. Cosa più incredibile si infilò nel loculo destinato a mio padre (ve ne erano altri vuoti vicino) e non voleva uscire. Tutti si chiedevano se fosse il suo gatto. Non lo avevamo mai visto e mai più lo rivedemmo.

L'anima non si stacca immediatamente del tutto dal corpo.

E' un processo graduale che dura almeno tre giorni.

Se la persona ha lasciato disposizione di essere cremata occorre attendere almeno il quarto giorno dopo il decesso per non traumatizzarla.
Il fuoco della cremazione aiuta la purificazione dell'anima e permette una migliore trasmutazione del livello di coscienza, oltre ad impedire la dispersione dell'intelligenza del corpo. Vi sarà capitato di sentire o di accorgervi, dopo il transito di una persona cara, di fare dei gesti proprio come faceva lei.
Si dice che questo sia dovuto al fatto che la persona morente trasmetta l'intelligenza del suo corpo fisico a chi gli è più vicino.
Il tema della morte è stato un altro punto cruciale di questa mia vita.
L'ho vissuto molte volte.
Ma oggi nei momenti di sconforto o di paura sorrido e mi dico che ho un esercito di angeli in cielo che vegliano su di me ed ogni timore si volatilizza nel nulla. Durante i primi mesi dopo il transito di mia madre ogni volta che mi rivolgevo a lei in preda allo sconforto mi arrivava un forte profumo di garofani, fiumi di profumo intenso ed avvolgente. Altre persone mi hanno raccontato lo stesso fenomeno e penso sia di grande conforto.
So bene che non può essere sempre così, perché nell'altra dimensione si lavora forse ancora più di qui e non sempre possono aiutarci, anche perché abbiamo già chi veglia su di noi, ma possiamo sempre rivolgere un pensiero ai nostri cari ovunque siano.
La donazione degli organi è un argomento molto delicato e soggettivo.
Forse nessuno ha il diritto di affermare cosa sia meglio, ma nel caso qualcuno non lo sapesse mi limiterò a riportare un concetto energetico.

Ogni nostra cellula contiene e fa parte di più tipi di energia, da quella fisica a quella spirituale e la lacerazione di essa comporta un trauma anche a livelli più sottili. Per semplificare si può dire che la nostra anima è in ogni cellula e staccare una parte del corpo fisico significa staccare anche una parte di anima. Ho sentito di persone che sono cambiate, chi in meglio e chi in peggio, dopo una trasfusione di sangue.

Non vorrei essere fraintesa: se qualcuno rischia di morire dissanguato e possiamo aiutare, ovviamente ci spetta farlo, ma per quanto riguarda la donazione degli organi alla luce di ciò che ho imparato sono personalmente contraria, anche se può migliorare la vita di altre persone. Presto, spero, basterà conservare il cordone ombelicale alla nascita per poter rigenerare almeno alcuni organi.

Ognuno si lasci guidare dal cuore perché credo sia un argomento molto grande per noi.

Ho solo voluto fornire un altro punto di vista, niente di più.

Altro argomento doloroso è l'eutanasia. Davanti a dolori strazianti il senso di giustizia umana ci può sconvolgere al punto di portarci a desiderare di sostituire il Padre. E' umano, anch'io avrei dato del veleno a mia madre negli ultimi giorni della sua agonia, pur conoscendo la sacralità della vita.

Spesso il dolore è moltiplicato dalla paura del transito che l'ammalato già sente. Il nostro conforto e la continua presenza allevieranno immensamente questa paura.

Provo più sgomento, davanti al ricordo di persone sole che urlavano il mio nome in ospedale al momento della loro morte solo perché le avevo salutate con un sorriso, che non davanti al ricordo della partenza di mia madre.

Ho potuto tenerla per mano fino all'ultimo respiro ed ha accettato il trapasso con serenità.
Il contrario dell'eutanasia è l'accanimento terapeutico. L'uomo non può intervenire più di tanto, rispetto al grande disegno e quando lo fa spesso nuoce. Sembrerà banale, ma il farmaco più potente che conosca è l'amore. L'amore mi ha permesso di vivere un'esperienza che custodisco con grande rispetto e che desidero condividere.
Avevo letto di come alcune persone siano in grado di entrare etericamente nel corpo di un altra persona per togliere il suo male e speravo di poterle incontrare. Il peggioramento della salute di mia madre si era rallentato grazie anche all'aiuto di persone speciali che le inviavano energia e che non smetterò mai di ringraziare. Ma aveva tuttavia dei versamenti di liquido ai polmoni.
Nelle sue condizioni non poteva sopportare anestesie e il liquido andava tolto infilando un enorme ago direttamente nel polmone per lasciare defluire il versamento. i medici dell'ospedale "stranamente" mi permettevano di tenere le mani accanto all'ago durante l'intervento.
Mi permettevano di farlo perché vedevano che, come dicevano loro, "senza di lei sua madre è perduta".
All'epoca conoscevo solo la pranoterapia e appoggiando le mani sulla schiena di mia madre ho vissuto quest'esperienza.
Cosa si prova non può essere descritto.
Posso cercare di accennarlo dicendo che non avevo più le mie mani, era come se non rispondessero più alla mia mente, ma ad un'altra e sentivo il suo polmone tra le mie dita. Sentivo il suo cuore pompare sangue ed il mio con esso. Non riuscivo a distinguere il mio corpo dal suo.

Non esisteva altro, né tempo né spazio, ma solo un fluire di quel che penso fosse amore perché non saprei come descriverlo altrimenti.

Con un dolcissimo sguardo da bambina per niente stupita, mia madre mi disse di non provare più alcun dolore e di sentirsi bene.

Dopo quel contatto non ho più temuto il suo distacco, perché credo che, in quel momento, le nostre anime si siano unite.

Non sono una guaritrice filippina, mi è solo stato concesso di sentire la forza dell'amore, un amore più grande di quel che crediamo di poter contenere.

Ringrazio per quel dolore, seppur straziante, perché ha abbattuto molti dei miei miseri limiti.

I DUBBI, LE CRISI, LE RICADUTE

Se

Se riesci a conservare il controllo, quando tutti intorno a
te lo perdono e te ne fanno una colpa;
Se riesci ad avere fiducia in te quando tutti ne dubitano,
Ma anche a tenere conto del loro dubbio;
Se riesci ad aspettare e a non stancarti di aspettare,
O se mentono a tuo riguardo, a non ingolfarti nella
menzogna,
o se ti odiano, a non lasciarti prendere dall'odio,
e tuttavia a non sembrare troppo buono e a non parlare
troppo saggiamente

Se riesci a sognare e a non fare del sogno il tuo padrone;
se riesci a pensare e a non fare del pensiero il tuo scopo;
se riesci a far fronte al Trionfo e alla Rovina
e a trattare allo stesso modo quei due impostori;
Se riesci a sopportare di udire la verità che hai detto
distorta da furfanti per abbindolare gli sciocchi,
O a contemplare le cose cui hai dedicato la vita infrante
e piegarti a ricostruirle con arnesi logori

Se riesci a fare un mucchio di tutte le tue vincite
e a rischiarle in un colpo solo a testa e croce,
e perdere e rincominciare dal principio
e non fiatar parola sulla perdita;
Se riesci a costringere cuore, tendini e nervi
a servire al tuo scopo quando sono da tempo sfiniti,
e a tener duro quando in te non resta altro

che la Volontà che dice: "tenete duro!"

Se riesci a parlare con la folla e a conservarti retto,
e a camminare coi Re senza perdere il contatto con la
gente,
Se non riesce a ferirti il nemico nè l'amico più caro,
Se tutti contano per te, ma nessuno troppo;
Se riesci a occupare il minuto inesorabile dando
valore a ogni istante che passa,
tua è la terra e tutto ciò che è in essa,
e - quel che è più - sei un Uomo, figlio mio!

R. Kipling

Parole di enorme saggezza scritte da Kipling, che
riguardano ogni essere umano. Il dubbio e lo
scoraggiamento cercano di insidiarsi quasi
impercettibilmente dentro di noi, rallentando o addirittura
bloccando la nostra crescita. Le discipline esoteriche
attribuiscono questi fermi alle forze del male, che mal
sopportano il nostro cammino nella luce, ma oramai
siamo bravissimi nello scacciarli e nel rimandarli da dove
sono venuti, perché abbiamo ben altro di cui occuparci.
Molte volte la riuscita è già a portata di mano ed attende
solo di essere afferrata e ci lasciamo sopraffare con
motivazioni del tipo: tanto non serve. E' risaputo che gran
parte del nostro dolore ce lo procuriamo da soli, eppure
sembra che siamo sempre pronti a ricascarci (Non lo
accetto nè per me, nè per te, nè per gli altri). Per quale
motivo? Le discussioni filosofiche in merito sono infinite.
Il più scontato secondo me è l'abitudine. Cambiare
atteggiamenti radicati richiede tempo e pazienza. Le

ricadute possono essere considerate fisiologiche; certo non indugeremo su questa attenuante, ma la terremo presente quando ci sembrerà d'aver sbagliato tutto. Siamo come i bimbi che imparano a camminare, c'è la possibilità di inciampare perdendo per un attimo l'equilibrio, ma ci si rialza subito, magari ridendo proprio come fanno i più piccini. I primi passi sono i più ardui e chiedono più coraggio, dopo la strada diventa sempre meno ardua da percorrere, perchè vedremo compiersi i miracoli.

Quante volte mi sono lasciata abbattere durante la stesura di questo libro.

Mi chiedevo con quale diritto potevo trasmettere insegnamenti che credo di dover ancora finire di assimilare.

Con quale coraggio potevo suggerire come migliorare la vita, quando la mia ha ancora bisogno di esserlo.

Il sentirsi indegni è uno degli ostacoli.

Siamo figli del Divino, quindi divini e ci meritiamo il meglio. Credo che confondiamo un concetto alterato di umiltà e di sacrificio, col non essere degni.

Per tutta l'esistenza capiremo l'importanza di migliorare noi stessi e questo processo giustamente non avrà fine, perchè saremo lontani dalla perfezione per un bel pò di tempo; ma questo non significa di certo che facciamo pena. Stiamo entrando nella Nuova Era ed è giunto il momento di approfondire alcuni insegnamenti che sono stati tenuti nascosti perchè non eravamo ancora pronti e perché alcuni potenti avevano capito che era più conveniente (ovviamente per loro) tenerci all'oscuro.

Il terribile senso di colpa ci impedisce addirittura di trovare il modo di porre rimedio ai nostri errori. La nostra esistenza qui è come un giorno di scuola. Che bisogno avremmo di attraversare questo mondo, se sapessimo già tutto? E' umano sbagliare e ovviamente nella stragrande maggioranza dei casi lo facciamo inconsciamente. Probabilmente, in fondo, in fondo, avremo avvertito una vocina che ci suggeriva di fare altrimenti, ma errare fa parte della crescita. La meditazione come altre tecniche hanno la funzione di aiutarci ad essere sempre più sintonizzati con il nostro maestro interiore, ma l'autoflagellazione non fa che impedire questo contatto. La tremenda colpa si presenta anche sotto mentite spoglie del tipo non puoi gioire se altri soffrono.

Quante volte dopo cena ci si è bloccata la digestione davanti ad immagini strazianti di fame e di dolore? Ci hanno insegnato a soffrire per le tragedie altrui, ma energeticamente il nostro dolore va a sommarsi a quello di coloro che sono già molto provati. Forse scapperà ancora qualche lacrima, ma cerchiamo di non soffermarci sul dolore in questo modo.

Una reazione diversa può sbloccare prima una situazione infelice.

Se ci è possibile aiutare materialmente in qualche modo, senza interferire bruscamente nelle vite altrui, lo capiremo da soli. Altrimenti si può sempre inviare aiuto a distanza. Può essere fatto in più modi:

inviare mentalmente luce bianca per scacciare la tenebre, azzurra per calmare il dolore di ogni tipo, verde di guarigione e rosa di amore cosmico a tutte le persone coinvolte durante la meditazione quotidiana

inviare inoltre messaggi di forza, di pace, di coraggio e di speranza ogni volta che ci viene in mente chiedere in ogni momento di gioia nostra che questo sentimento possa essere condiviso da chi ha più bisogno in quel momento, penserà il Cosmico a chi inviarlo

usare la forza del pensiero positivo, affermando spesso che la situazione è già risolta (se usiamo i verbi al futuro la mente ritarderà il processo; questo vale per ogni situazione) ed invitare chi conosciamo a fare altrettanto

chiedere l'intervento degli angeli della guarigione, del conforto o di qualsiasi altro tipo di bisogno occorra, di recarsi dai sofferenti e di aiutarli

Davanti a certi strazi possiamo pensare che l'aiuto spirituale non sia bastevole, ma come possiamo sapere se il dolore, anche il più dilaniante, non sia giusto visto da un'ottica superiore alla nostra? Sono parole tremende da accettare, come il calice di cui parla Gesù la notte prima della crocifissione. Prima abbiamo parlato di umiltà.
Credo questo sia l'esempio più grande.
Persino i pochi illuminati oggi viventi non osano interferire davanti a certe situazioni, solo che loro conoscono i motivi per cui non farlo.
Mi hanno raccontato di un episodio del noto Sai Baba.
Tra la folla vi erano due uomini sulla sedia a rotelle, mentre il maestro passava impose le mani solo su un loro aiutante. Alcuni chiesero come mai non avesse imposto le mani sui due ammalati e Sai Baba permise a queste persone di vedere delle scene delle vite precedenti dei due. Uno era un giudice che condannava

spesso a morte dei poveri malcapitati e l'altro era il suo assistente.
Si erano ritrovati in questa vita per scontare insieme.

Un altro punto da tenere presente, è di non dare forza all'ostacolo pensando ad esso, ma di guardare avanti.
Questo concetto viene spiegato anche nelle arti marziali.
Se devi colpire un oggetto, non ti fissare su di esso, ma cerca di colpire un punto che si trovi oltre, cerca di tendere verso l'infinito.
Se guardi oltre, l'ostacolo vicino non ti blocca. C'è un semplice esperimento da provare quando ci si trova in mezzo alla folla.
Puntate la vostra attenzione su dove volete arrivare, ignorando il fatto che ci sia molta gente che vi sbarra il passaggio. Molti si scanseranno senza nemmeno rendersene conto. Un conoscente mi raccontava che usa questa tecnica anche nelle discoteche affollate quando desidera spostarsi da una parte all'altra senza stressarsi.
Le leggi cosmiche valgono in ogni caso, basta tener presente la meta positiva.
Non ti fidi? Dov'è la tua fede?
Questa domanda mi è arrivata come risposta durante un ritiro spirituale fatto e desiderato in un momento di sofferenza. Quando le cose non vanno come noi speravamo e tutto sembra crollarci addosso, viene da urlare "Padre perché mi hai abbandonato?".
Ricordo una bellissima preghiera brasiliana a questo proposito, dove il discepolo dice d'aver sempre visto due paia d'orme sulla spiaggia, le proprie e quelle di Gesù.
Ma nel momento più doloroso si accorge di vederne un solo paio e Gesù risponde che ne vedeva uno solo perchè proprio in quel momento lo teneva in braccio.

Cerchiamo di espandere la nostra coscienza, cerchiamo di capire che noi siamo solo un tassello di un immenso e bellissimo disegno e perciò non possiamo sempre vedere subito quanto è giusto quello che ci è arrivato. Affidarsi al Divino è l'unico modo per andare incontro a ciò che desideriamo dal più profondo.

Molte persone passano l'esistenza intera a premunirsi contro, a difendersi da, a calcolare i rischi di e poi spesso capita l'unica cosa alla quale non avevano pensato. Con ciò non voglio suggerire di buttarsi ciecamente in qualsiasi avventura, ma se pensate un attimo a quante volte siete stati salvati in modo "strano" da brutte situazioni o altri casi, di cui magari non vi siete nemmeno resi conto, capirete il senso della "Provvidenza".

Ricordo, quando non conoscevo ancora certi insegnamenti, che più di una volta nei momenti di disperazione mi rivolgevo al Padre dicendogli chiaramente che non ce la facevo più; che più di così non potevo fare e che se era giusto per me continuare a vivere qui di tendermi la Sua mano.

Il mio appello non è mai stato vano. Intervenivano conoscenti persi di vista o estranei (per me erano Angeli) per aiutarmi.

L'Assoluto conosce i nostri limiti ed intenti e non ci da mai una prova superiore alle nostre forze. La prova può arrivare al limite estremo della nostra capacità di sopportazione, ma c'è sempre una via d'uscita anche se questo implica rinunciare ad un qualcosa che ritenevamo importante, quando in realtà forse non lo era.

Siamo noi i creatori ed i responsabili della nostra esistenza e quindi le decisioni spettano a noi.

Come spetta a noi la scelta di fare tesoro delle brutte esperienze, di usare la forza del dolore per espandere la nostra coscienza, per abbracciare anche la sofferenza altrui o abbrutirci rinnegando la vita.

Iniziare ad accettare la propria situazione per quella che è, senza molti veli, non importa quanto terrificante sia è già un grande passo verso la soluzione. Qualsiasi prova anche la più straziante ha un motivo ben preciso e non si può illudersi di uscirne senza averne capito il perché.

Nella maggior parte dei casi sono spinte necessarie, il dolore quale motore per la propria evoluzione.

Si arriva a morire dentro, mi è successo più di una volta, ma si rinasce con una consapevolezza ed una forza diversa.

Quando sentivo parlare della morte iniziatica me la immaginavo come un rituale faraonico, quando l' ho vissuta è stata una liberazione.

Tanto così non potevo più vivere e grazie ad essa ho capito quanto siamo infiniti. Muore solo una vecchia parte di noi, che non ha più motivo di condizionarci perché abbiamo ben altro di cui occuparci.

Niente e nessuno deve distoglierci completamente da noi stessi e dal nostro cammino. Questo non significa affatto astrazione dal quotidiano, anzi, con amore e gioia possiamo assolvere i compiti ed i piaceri quotidiani gustandoci anche aspetti che altrimenti non avremmo mai notato. Dio ci ha creati per lavorare ed evolverci nella gioia: proviamo ad ascoltare Papà.

Puo' sembrare a volte che cio' che ci arriva non abbia assolutamente niente a che fare con cio' che sentiamo di voler fare. Non è sempre così; anzi, gli avvenimenti possono spesso aiutarci, basta trovare una chiave di lettura.

Vi porto un esempio banale: avevo un cattivo rapporto con i computer, andai in crisi quando me lo imposero in ufficio, mi lamentai a lungo quando mi fu nuovamente imposto durante un corso e quando mi fu nuovamente imposto per fare il lavoro di catalogatrice, decisi di accettare questa nuova conoscenza anche se mi sembrava ben lontana dal mio tanto desiderato lavoro di terapeuta olistica.

Oggi ringrazio, perché non avrei certo potuto presentare un manoscritto.

Se dunque notate che vi si presenta più volte la necessità di fare o di conoscere qualcosa che non vi piace o che puo' sulle prime sembrarvi addirittura fuorviante, cercate di proiettare la cosa nel futuro o di vederla in un contesto più ampio. C'è sempre un motivo. Questo vale per qualsiasi tipo di esperienza, se ricorre meglio affrettarsi ad accettarla ed a capirla prima che ricapiti.

Umanamente cerchiamo le conferme sul piano materiale. Oggi esiste molta letteratura sul come guarire la vita in pochi giorni.

A volte succede ed altre no. Quando non arriva ciò che desideravamo inizia il tormentone. Come mai? Perché? Eppure ho fatto di tutto...

Può qualche volta addirittura subentrare la rabbia o la voglia di lasciar perdere. Solo che chi ha già vissuto un momento di comunione con il Tutto non può più farne a meno. Sono attimi che danno un significato alla vita e rinunciarvi è praticamente impossibile. Si può solo andare avanti, anche nei momenti di confusione. Perché passiamo dei momenti così?

Li ho attraversati molte volte ed ho ricevuto diverse risposte:

1) Ciò che chiediamo non è veramente quello che desideriamo dal più profondo, è un inganno della mente (Maya - l'illusione).

2) Non è il meglio per noi e per la nostra evoluzione. Ovviamente non ce ne rendiamo subito conto, altrimenti non lo chiederemmo. Vi sarà capitato di pensare al passato e di ringraziare perchè non avete avuto una determinata cosa o situazione che vi avrebbe solo danneggiato. Non possiamo sapere come sarebbero andate le cose se.....

3) La richiesta coinvolgeva altre persone. Costringere altri a fare quel che vogliamo noi significa interferire col loro karma o quanto meno con il loro libero arbitrio. Le vittorie ottenute con la forza durano molto poco e spesso costano molto care.

4) La luna ha un suo ciclo come l'abbiamo noi. Alcuni momenti sono di crescita e di espansione ed altri all'apparenza sembrano di fermo. E' soltanto il riposo necessario per assimilare quel che abbiamo appreso e per raccogliere nuove energie per fare un'altro salto in avanti. Un grande cambiamento interiore è spesso preceduto o seguito da un momento di crisi, direi che è quasi fisiologico.

5) Forse abbiamo chiesto troppo e tutt'assieme. Una situazione per volta. Magari incominciare dalla richiesta

più facile e modesta per poi proseguire. Ogni piccolo segno dà grande incoraggiamento.

6) Spesso la risoluzione del problema richiede soltanto un cambiamento da parte nostra e non c'entra con l'esterno. Molti di quelli che noi consideriamo problemi lo sono perchè abbiamo scelto noi che lo siano. Senza esagerare, ho visto persone piangere perchè l'altro parente aveva ricevuto un servizio di piatti in più. Se ci lasciamo influenzare da beni materiali superflui, firmiamo da soli la condanna all'infelicità. Ci sarà sempre qualcuno che ha di più e di più bello. Rallegriamoci se lo condivide e se decide altrimenti, torniamo ad occupazioni più importanti.

7) Abbiamo mirato troppo in alto. Magari si potessero saltare i passaggi a piè pari o rivoltare completamente la propria vita in un giorno. Facciamo l'esempio di una persona non bella, anzi, diciamola tutta: proprio brutta. Esiste una profonda motivazione dietro la scelta che è stata fatta da noi prima di nascere riguardo al nostro corpo. Essere brutti può spingere a coltivare aspetti della personalità che altrimenti sarebbero stati trascurati. Una donna brutta non può pretendere di diventare bellissima esteriormente, ma può diventarlo interiormente, al punto di offuscare la vista fisica. Avrà ogni possibilità di acquisire un grande fascino come avrà la certezza di essersi guadagnata ciò che ha ottenuto, senza approfittare di una bellezza passeggera. Mi sono soffermata su un aspetto che può sembrare frivolo, ma molti soffrono per il loro aspetto fisico. Qualcuno addirittura si porta dietro una sindrome adolescenziale nei riguardi del proprio corpo.

Siamo perfetti così come siamo.
Certo abbiamo il dovere di occuparci del nostro corpo, di trattarlo il meglio possibile, anche profumandolo perchè è il corpo migliore che potremmo mai avere. Anche qui il potere del nostro pensiero influisce. Quando si hanno pensieri ricorrenti di ansia, di angoscia o qualsiasi altro stato negativo questo va inevitabilmente ad influire sull'espressione, al punto di portare rughe precoci o posture sgradevoli. Un sorriso ingentilisce ogni volto.

8) L'agognata richiesta non è arrivata, ma ci sentiamo sereni ugualmente. Rallegriamoci. Abbiamo superato il bisogno facendo un salto qualitativo.
I bisogni sono fardelli pesanti da portare, quando si vuol camminare.

9) Può essere che la risposta sia già arrivata, ma in un modo a noi sconosciuto o inconsueto. L'energia è più intelligente di noi e non ha i nostri limiti. Spesso arriva in maniera del tutto inaspettata quando non ci pensavamo nemmeno più, perché il nostro messaggio arriva solo quando lo lasciamo andare. Rimanere continuamente attaccati alla richiesta impedisce la sua realizzazione. Formulatela e non pensateci più.
Quando mi è difficile sganciarmi da ciò che ho chiesto, cerco di uscire o di distrarmi in tutti i modi, per permettere all'energia di lavorare per me.

10) Si ha paura di gioire troppo. Sembra assurdo, ma tornate indietro con la mente.
Non sentite ancora l'eco di frasi del tipo "la felicità non è di questa terra", oppure, ancora peggio "oh Dio le cose vanno troppo bene, cosa capiterà ora?" Queste terribili

frasi rischiano di condizionare tutta la vita se non se ne prende coscienza. Ci portano a guardarci sempre attorno con occhi spaventati, per tentare inutilmente di scansare il prossimo colpo, richiamato proprio dalla nostra paura.

11) La richiesta non è stata precisa o escludeva a priori troppe possibilità.
A questo proposito devo aprire una parentesi sulla preghiera.

Ci è stato insegnato, o almeno mi riferisco alla mia educazione, di pregare tanto finché il Signore non accoglie la nostra supplica. Bussa e ti sarà aperto. Dopo essermi chiesta se Gli avevo spaccato i timpani a suon di bussare, ho voluto reimparare a pregare. La risposta non ha tardato ad arrivare (si vede che avevo proprio esagerato). In questo momento evolutivo posso dirvi che pregare è chiedere l'aiuto per portare avanti il nostro cammino: senza condizionali, scadenze o altre bizzarrie umane.
Teoricamente non bisognerebbe chiedere altro, perché Colui che ci ha creati sa meglio di noi di cosa abbiamo veramente bisogno. Ovviamente questo non implica una deresponsabilizzazione da parte nostra. Re Salomone chiese al Padre la saggezza invece dell'oro. La saggezza che ci aiuta a capire cosa è meglio fare o non fare.
Pregare per l'intuizione giusta al momento giusto.
Se tutto va male forse è perché vogliamo fare tutto di testa nostra.
Pregare affinché si compia ciò che è per il massimo bene di tutti in armonia con le leggi cosmiche. La situazione precipita?

Significa che stavamo perdendo tempo dietro un "sogno" non nostro.

Abbiamo sempre un motivo per ringraziare, solo che ce ne dimentichiamo a volte. Quando Gesù miracolò i lebbrosi, solo uno si ricordò di ringraziarlo. Ringraziare per ciò che abbiamo, significa anche permettere a questi doni di continuare ad arrivare. Pensiamo, consciamente o inconsciamente, che tutto ci sia dovuto, quando sappiamo bene che non è così.

Ringraziare per ogni giorno di vita, per poter camminare, parlare, pensare riempie il cuore di gioia. Si inizia ad apprezzare molto di più quel che si ha e soprattutto si cercano sempre meno stampelle di serenità.

Che si compia ciò che è giusto.

Anima mia, tutt'uno col Padre
voglio conoscerti per compiere la missione divina
dimenticata alla nascita.
Sboccia e manifesta la tua luce
come tutti i figli di Dio

Nei momenti di sconforto, una bella risata è un vero toccasana.

Ci prendiamo spesso troppo sul serio e vedere i lati comici degli eventi aiuta a distaccarci da ciò che opprime.

Mi trovavo in una situazione pesante ed ogni giorno dovevo affrontare una situazione che mi lasciava a terra. Decisi dietro suggerimento di una cara amica di approfondire il metodo del pensiero positivo di Louise Hay e così feci.

Registrai diligentemente su una cassetta le affermazioni positive che più facevano al caso mio, per poi ascoltarle durante i viaggi in macchina che dovevo percorrere quotidianamente per lavoro. Il primo giorno fu una scenetta tragi-comica. Accendo il registratore portatile e sento:

Tutto intorno a me è bello ed armonioso.

Rimasi bloccata da un camion della nettezza urbana che caricava pesce marcio.

Amo e sono amata da tutti.

Sbagliai nel prendere il biglietto dell'autostrada e dovendo scendere dall'automobile i camionisti dietro di me mi urlarono ogni sorta d'insulto.

Sono divinamente protetta e guidata.

Si scatenò all'improvviso un temporale incredibile lungo l'autostrada.

Non riuscivo a vedere ad una distanza di dieci metri e purtroppo vi furono anche dei tamponamenti.

Tutto va per il meglio.

Una coda di mezzo chilometro all'uscita dell'autostrada in un orario insolito.

Ridevo a crepapelle e il casellante mi guardò con l'aria che sottintendeva :beata te. Forse le affermazioni non avevano ancora sortito il loro effetto, ma mi sono divertita tanto.

Ricordo una conferenza tenuta da me sui Fiori di Bach. Ne uscii col magone, ma ogni volta che la racconto rido ancora. Prima abbiamo parlato del servizio. Del desiderio naturale che si ha di trasmettere a nostra volta la conoscenza che ci è stata data e questo era nei miei intenti quel pomeriggio.

La conferenza doveva iniziare alle 17: 00 e la sala era completamente deserta. Ottimisticamente pensai che avessero capito alle 17: 30.

Alle 17: 25 stavo per andarmene quando arrivò un signore. Gli dissi chiaramente che era l'unico e che fra cinque minuti me ne sarei andata.

Poco dopo arriva un'amica seguita da un signore un pò avanti negli anni che aveva l'aria di non c'entrare molto con l'ambiente.

L'ultimo arrivato inizia a gesticolare vistosamente picchiandosi la fronte in segno di disperazione, proprio quando mi ero fatta coraggio per iniziare a parlare della floriterapia. Era talmente agitato che interruppi chiedendogli se aveva un qualche problema e lui iniziò una conferenza propria, spiegandoci che il parchimetro scadeva alle sei meno venti quando erano già le cinque e mezzo. Richiamai la sua attenzione facendogli presente che avevo appena iniziato e lui mi incoraggiò caldamente a proseguire e mi rassicurò che sarebbe uscito il più tardi possibile.

Nel frattempo entra un'anziana signora con l'aria un pò svanita. Ero sempre più perplessa. Appoggia il suo ombrellino e si siede marmorea fissando il muro. Accanto a me c'era un tavolino con sopra i 38 rimedi di Bach e diversi libri. Tenevo peraltro dei fogli in mano con dei disegni che tentavo di mostrare. Pensavo si capisse che era una conferenza. Dopo dieci minuti che mi accoravo a spiegare la signora si alza di scatto e chiede: "Ma il dottore non c'è?"

La struttura ospita anche uno studio medico, ma quel giorno il dottore era libero. "No, signora, non c'è il dottore oggi". "Allora me ne vado", risponde indispettita e l'altro signore del parchimetro si alza come un fulmine dicendo

che a lui interessava vedere il medico. Rimangono i primi
due ascoltatori, imbarazzati quanto me, che mi incitano a
proseguire quando, colpo di scena, arriva un vecchio
conoscente che si occupa di siti celtici individuati da lui.
Tutti e tre si conoscevano e si sono soffermati a lungo
sui propri avi e su quanto si frequentassero. Sempre più
avvilita chiedo se per caso erano riusciti a capire
qualcosa dell'argomento per cui erano lì, quando
subentrano discussioni infinite sulla Madre Terra e le
divinità primitive intavolate dall'ultimo arrivato.
Due ore dopo decisi di andarmene sconsolata più che
mai. L'indomani seppi dalla mia amica che era felicissima
d'essere venuta e che aveva trovato qualcosa che le
mancava e che il signore degli insediamenti celtici
dichiarò, dopo la mia dipartita, di volermi molto bene.
Quando si lavora con le energie non si sa mai
esattamente in che modo agiscono e qualche volta si
ride anche molto.

Come non dobbiamo lasciarci abbattere, se ci sembra
che gli altri non capiscano quello che tentiamo di
spiegare con tanta enfasi. Il seme è stato lanciato e a
suo tempo, se è il meglio per l'individuo, sboccerà.
Per farci un'altra risata vi racconterò di un'altra
conferenza sui Fiori di Bach. Dopo aver spiegato
minuziosamente per un'ora e mezzo che i rimedi non
sono farmaci, né prodotti omeopatici, né preparati
erboristici bensì energia, una signora alza la mano e
trionfante dice di aver provato l'omeopatia. Feci un cenno
di assenso e lei proseguì dicendomi che aveva bevuto
una tisana di ginestra. Mi permisi di accennare che la
tisana di ginestra appartiene all'erboristeria. Attonita mi
guardò e chiese, "ma allora che cosa è l'omeopatia?"

Che, per inciso, non c'entrava assolutamente con l'incontro. Cercai di spiegarle l'aspetto dei granuli. "Sa signora... quelle palline bianche, piccole piccole". "Ah sì, le aveva una mia amica, ma credevo fossero campioni di medicine". Non ho riportato quest'episodio per deridere la signora, ma perché rimasi stupita dalla fantasia umana. Pensare che quei granuli fossero piccoli perché erano campioni, come se si potesse prendere una minima parte di una dose per provare un farmaco, mi meravigliò. Ma più si va avanti meno ci si stupisce.

Qualche volta la crisi è solo un segnale per farci capire che ci dobbiamo fermare. Il rimedio più adatto è una passeggiata rigenerante nel verde o un pomeriggio tranquillo con un amico. Cercare di spiegare la nostra situazione e relative sensazioni ad un'altra persona ridimensiona subito il problema.
Il mancato confronto sclerotizza le dinamiche mentali.
Parlare fornisce la possibilità di lasciar fluire le energie.
Quante volte vi sarà capitato, raccontando una situazione che vi preoccupava, di trovare la soluzione da soli come se si fosse accesa la lampadina.
E' anche un modo per non chiudersi nel proprio dolore.
Aprirsi al mondo con i suoi infiniti risvolti arricchisce l'anima.
Occuparsi del dolore di un altro aiuta a capire meglio il nostro ed il suo.
Ogni essere umano conosce la sofferenza in un modo o in un altro, non siamo mai soli nell'affrontarla. La crisi è difficile. Se non lo fosse che prova sarebbe? Non è ironia, è solo una verifica che ha bisogno di essere affrontata. La nostra anima ci mette in condizione di cercare le prove necessarie per la nostra crescita.

Conoscere tutti i sutra e compiacersi della propria conoscenza è sterile finché non viviamo l'insegnamento. L'esperienza diretta ed indiretta mi porta a confermare l'importanza di espandersi, di uscire dai propri limiti, di non fermarsi mai alle apparenze. Quando sono confusa o avvilita e sento la vocina che mi dice "vai oltre Maria, vai oltre", so già che sto guarendo. E' l'imput per uscire dalla prova.
Più interessi si hanno, più punti di vista abbiamo. L'orizzonte non ha limite se non quello del nostro campo visivo. Andiamo oltre anche creandoci o scoprendo nuovi interessi, perché gli argomenti più banali a volte aiutano a capire materie ben più complesse.
Più sappiamo, più siamo liberi di scegliere.

Quando pensavo al passato e a tutte le prove superate mi spaventavo.
Oggi le racconto quasi come se fossero accadute ad un'altra persona.
Ed in effetti, è proprio così.
Credo di essere risorta dalle ceneri spente più volte.
Ed ogni volta migliore.

Non sentitevi soli nei momenti di confusione, chiunque abbia deciso d'inoltrarsi sul cammino attraversa dei momenti difficili. Confrontatevi se possibile con chi ha conosciuto esperienze simili, ma senza l'illusione che possa risolvere il problema al vostro posto. Niente e nessuno può compiere il miracolo al posto nostro. Proverete il desiderio d'isolarvi e magari inconsciamente di mandare all'aria tutto quanto. Vi capisco perché ho provato, provo e forse proverò lo stesso impulso. Nemmeno la durata della crisi deve spaventarvi.

Gli umani hanno per convenzione stabilito lo scandire del tempo, ma il nostro concetto di tempo non esiste nel mondo spirituale. A volte può anche trattarsi di anni, ma non vuol certo significare che si è sprecato del tempo. Affrontare i mostri interiori o compiere le nozze alchemiche tra materia e spirito può essere il motivo dominante di un'intera esistenza. Scoraggiarvi è l'ultimo dei miei desideri, ma questa strada come ogni altra presenta qualche difficoltà. Difficoltà che sgorgano soltanto dall'interno di noi stessi fino al momento in cui non le avremo individuate. Inutile lambiccarsi il cervello per trovarle, le terribili resistenze si paleseranno spontaneamente quando saremo in grado di affrontarle. Più si è sereni, più il nostro subcoscosciente sarà disposto ad incontrare il terribile fantasma. In alcuni momenti la certezza di tendere costantemente verso la luce sarà l'unico punto fermo dell'esistenza.

I pazienti più determinati mi chiedono sconsolati: "ma quando sarò finalmente in pace, senza problemi da risolvere o crisi da superare?". Se fossi portatrice di questa verità non avrei avuto bisogno di scrivere questo libro.

Posso solo suggerire la risposta della vocina dentro di me, quando sento la fatidica domanda:

" quando sarai disponibile a rinascere ogni mattina, senza soffermarti sui limiti che hai voluto porti ieri. Non esistono certezze all'infuori del continuo divenire.".

Quando sono stanca mi ritrovo a urlare, non so bene verso chi o verso cosa, lamentandomi che ci si è dimenticato cosa significhi essere umani.

E' molto liberatorio; difatti dopo pochi minuti inizio a ridere di me stessa, perché immagino come vedono la scena coloro che hanno già capito.

Oserò dirvi ancora che quando siete in crisi vuol dire che state permettendo all'energia di muoversi nella giusta direzione.

Nessun santo o ricercatore (o, come amo definirmi, pellegrino) ha mai condotto un'esistenza idilliaca.

Un'affermazione simile sembra andar contro gli insegnamenti esoterici, quando invece ne fa parte.

Saranno momenti passeggeri, certamente non la regola.

Mi sono soffermata così a lungo sull'argomento perché può sembrare il più spaventoso, spaventoso al punto di bloccarvi. Vi capisco perché mi ci confronto ogni giorno e vi dico che ci si riesce.

Entrare in questo dramma esistenziale permette di capire ogni essere umano. Sondare la profondità del dolore e della paura permette di abbracciare l'uomo nella sua dimensione più vera, per capire cosa sia veramente la fratellanza.

COME E' LA NOSTRA CASA.

E' il nostro rifugio, dove riposiamo e viviamo l'intimità.
Inutile dire che dovrebbe essere di nostro gradimento
anche la zona, il paesaggio, ma purtroppo questo non è
sempre possibile.
Si possono fare lo stesso molte piccole modifiche per
migliorare il focolare. Qui vi verranno dati solo degli
spunti . Per maggiori e migliori approfondimenti
suggerisco la consulenza di un "esperto" di feng shui o
almeno lo studio di un buon libro sull'argomento per
seguire le nozioni fondamentali di questa antica filosofia
che trovo molto valida.

Come sono i colori nella vostra casa? Troppo blu e
troppo verde deprimono, troppo rosso innervosisce e il
nero inghiotte ogni forma di luce.
A proposito di luce, si dovrebbe guardare ogni mattina la
luce naturale per almeno dieci minuti senza alcun tipo di
filtro(occhiali, lenti a contatto o altro); questo aiuta a
produrre ormoni che mettono di buon umore.
Le pareti dovrebbero essere chiare per avere luminosità,
perché la luce è vita.
Un buon libro di cromoterapia vi illustrerà le qualità dei
colori, mi limito ad indicarvi quelli più idonei alle varie
stanze, anche secondo la mia esperienza.

Per la cucina il giallo, perché aiuta le funzioni digestive.
E' il colore collegato al terzo chakra, centro principale
della digestione. Il giallo è il colore della saggezza, oltre
ad essere un forte aiuto contro la depressione.

Per la camera da letto, l'azzurro e il celeste ed anche qualche punta di blu, perché conciliano il rilassamento e un sonno più profondo.
Se ritenete di dormire già troppo, una punta di rosa potrebbe migliorare la situazione, oltre a stimolare l'affettività, perché il rosa è il colore dell'amore universale.

Per il bagno alcuni indicano il verde acqua e l'azzurro come i colori più adatti, perché danno una maggior sensazione di freschezza e il verde è anche antisettico.
A voi la scelta.
Il bianco va bene per ogni ambiente, è il "colore" (non è un colore) da preferire perché è uno dei colori più spirituali.

Il salotto di casa mia è tutto rosa e verde, i due colori del cuore.
Chiunque vi soggiorni dice di sentirsi a suo agio.

Sono solo delle indicazioni molto generiche, ognuno le rivedrà anche in base ai propri problemi fisici. Se si ama poltrire molto, forse anche a causa di un po' di anemia, una poltrona rossa potrebbe aiutare. Come il rosso in cucina può stimolare chi ha poco appetito o un pigiama rosso pur risvegliare l'eros assopito.

Per lo studio sono indicati diversi colori: il blu, colore della saggezza; il giallo, perché è anche il colore dell'espansione e l'arancione, colore della conoscenza divina.

Per purificare la casa dai pensieri stagnanti, dai dispiaceri passati, dalle preoccupazioni e da tutto cio' che può appesantire il nostro rifugio si possono eseguire molte tecniche e quando sento qualcosa che non va, le applico tutte:

attaccare dei campanellini alla porta di casa, di modo che ogni movimento li faccia suonare. I campanellini emettono un suono che alza la vibrazione del luogo (piacciono molto anche agli Angeli);

invocare con la preghiera almeno un Angelo che vegli sulla vostra casa e su tutti coloro che vi entrano;

bruciare dei bastoncini d'incenso; troverete una vasta gamma di profumazioni. L'incenso purifica spiritualmente, disinfetta l'aria ed è anche leggermente anestetico, oltre ad aiutare la concentrazione;

se già avete un animale domestico ringraziatelo, perché assorbe molte delle nostre negatività; portatelo in campagna quando potete, in modo che possa rigenerarsi. Fate attenzione a dove si posa il gatto, solitamente sostano nei punti dove ci sono delle negatività o dei nodi di Hartmann;

le piante oltre ad abbellire le nostre dimore assorbono le negatività degli ambienti; difatti, se collocate in un punto da purificare o se le vibrazioni non sono delle migliori, soccombono. Aiutano inoltre a mantenere la giusta umidità, attenuano per quanto è loro possibile gli sbalzi termici, ma soprattutto sono vive;

quattro gocce di Walnut, uno dei fiori di Bach (li vedremo meglio più avanti), in una ciotola d'acqua per ogni stanza aiutano a trasformare le energie nella stanza in positive. Per potenziarne l'effetto aggiungo anche tre gocce di acqua di Lourdes e cinque gocce dell'olio essenziale di cui ho più bisogno al momento. L'olio essenziale di limone, ad esempio, neutralizza gli umori negativi e dà sollievo a chi è stanco, impaurito e depresso;

chi crede nella religione può ovviamente farsi benedire la casa e in ogni caso consiglio di benedirla noi stessi, con le parole che ci sembrano più adatte, ogni volta che usciamo mentre la affidiamo agli Angeli o in qualsiasi momento sentiamo di farlo. Come amo avere un crocefisso ed altre immagini sacre in casa. La loro presenza richiama la spiritualità;

si dice che un elefantino con la proboscide all'insù rivolta verso la porta di casa allontani le negatività;

evitate se possibile di invitare spesso persone che criticano molto o che non sono proprio positive, perché purtroppo lasciano una scia di energia inquinata;

quando potete accendete delle candele, ma anche qui occorre prestare attenzione al colore scelto. Quelle nere andrebbero evitate, perché richiamano dei rituali che non ci interessano. La candela per antonomasia è bianca, come sono bellissime quelle rosa, azzurre, verdoline e gialle.
Oggi sono anche profumate. Accendere una candela rosa profumata è un ottimo modo per coccolarsi.

Le candele meritano due parole in più.
Esse sono il simbolo dell'elemento fuoco che purifica e trasmuta.
Portano luce e calore.
Durante la meditazione è preferibile avere una candela accesa, di modo che il fuoco possa purificare i pensieri non proprio positivi, elevandoli.
Esiste una meditazione yoga molto efficace per ripulire gli occhi: la stanza deve essere buia con una sola candela accesa; ponetela all'altezza degli occhi, aiutandovi con un tavolino o una sedia e sedetevi a guardare la fiamma. Dapprima potete guardare il contorno della fiamma; il difficile è riuscire a mantenere gli occhi sempre spalancati.
Spesso nel giro di un minuto iniziano a lacrimare gli occhi.
Personalmente tengo sempre una candela accesa ogni volta che faccio terapie o qualcuno mi parla dei suoi problemi, affinché non ristagnino in casa. Altro uso è quello di passare oggetti (non infiammabili) velocemente sulla fiamma per purificarli, faccio altrettanto con i palmi delle mani.

Le candele sono insostituibili quando si sente la necessità di fare la meditazione sul fuoco. I quattro elementi: terra, aria, acqua e fuoco sono parte di noi e sintonizzarsi con essi aumenta la nostra armonia. Sono meditazioni quasi istintive, perché ogni elemento è già nella nostra essenza, ma con la vita che conduciamo qualche volta perdiamo il contatto.
Per ripristinarlo, se non possiamo recarci al mare o in campagna sono sufficienti i loro simboli: aria - incenso,

acqua - una ciotola d'acqua, fuoco - candela e terra - ciotola di sale.

La meditazione sull'elemento aria aiuta quando si è stressati.

Dà una sensazione di leggerezza e di ampiezza.

La meditazione sull'elemento terra aiuta a trovare le proprie radici quando ci si sente confusi ed aumenta la compassione.

Siamo come gli alberi che uniscono il cielo alla terra.

La meditazione sull'acqua purifica anch'essa e ci culla, ci avvolge, aumenta la ricettività, l'energia femminile e la capacità d'introspezione.

La meditazione sul fuoco aumenta l'energia maschile, di volontà e di forza. Purifica e trasmuta come gli alimenti che crudi sarebbero tossici per noi.

Provando e riprovando questi contatti individuerete l'elemento col quale riuscite a sintonizzarvi immediatamente e quello che richiede più costanza.

Come può succedere di sentire un leggero rifiuto.

E' un segnale forte e chiaro. E' una parte di noi che ha bisogno di venire alla luce. Ognuno di noi ha un lato oscuro che non è necessariamente negativo, attende solo di essere scoperto.

A titolo di curiosità sempre a proposito delle candele, so che esiste una forma di divinazione con le candele.

Credo che la risposta venga tratta dalla forma che la fiamma assume. Non so dire altro, perché la trovo una forma di magia.

Lo zen insegna una forma di preghiera che a me piace molto.

Ogni oggetto di uso comune può ricordarvi di ringraziare e benedire.

Ad esempio: prima di telefonare a qualcuno tenere per un attimo la cornetta del telefono e dire: che questo apparecchio sia uno strumento di pace.

Un altro esempio che può sembrare buffo all'inizio, ma di grande valore è quando si è seduti sul water: ringraziare per la propria purificazione e chiedere che tutti i nostri fratelli possano purificarsi.

Ripeto: ogni cosa ha più livelli di manifestazione ed andare di corpo significa disfarsi di tossine fisiche, ma se noi vogliamo può anche significare disfarsi di tossine spirituali.

Benedire il letto, chiedendo che possa custodirci durante il sonno per ritemprarci e magari fare sogni importanti per la nostra vita.

Ringraziare perché abbiamo pentole che ci permettono di nutrire il tempio del nostro spirito.

Non dimenticarsi di ringraziare per il nostro tetto, che ci protegge ed ospita.

Le possibilità di preghiera sono infinite: a noi la scelta e la creatività di impostarle, per alzare sempre più il livello vibrazionale del nostro piccolo regno.

Ovviamente bisognerebbe tenere presenti i concetti della geobiologia, oltre alla purificazione, per stare il meglio possibile in casa.

Esistono diversi testi che parlano della nocività dei nodi di Hartmann, delle falde acquifere sotto l'edificio e dell'inquinamento elettromagnetico dovuto a tutti gli elettrodomestici che abbiamo in casa. Vi confesso che smisi di leggere quei testi perché non avevo idea di come porvi rimedio.

Ovviamente uno non può cambiare casa tanto facilmente e trovarne una con tutti i requisiti non è facile.

Ma anche in questo caso possiamo operare dei notevoli cambiamenti:

orientare la testata del letto a nord ed anche il divano o le poltrone dove vi fermate più a lungo durante la giornata. Se non è possibile cercate di orientarle ad ovest

se non si possono cambiare i divani e le poltrone, si può almeno ricoprirli con tessuti naturali;

allontanare il più possibile le radiosveglie a cristalli liquidi dalla testata del letto. I cristalli liquidi fanno male alla salute e gli orologi da polso sono peggio ancora, perché sono a diretto contatto con il corpo.
Gli orologi da polso migliori sono quelli meccanici;

gli specchi nella stanza da letto durante la notte riflettono energie nocive. Spostarli almeno di lato al letto o cercare di coprirli durante la notte con un lenzuolo bianco;

i mobili ad angolo emanano onde nocive, sebbene belli da un punto di vista estetico. Se avete già un'angoliera e non è il caso di disfarsene, la risposta viene dalla radionica.

Spiegare brevemente la radionica non è facile.
Sintetizzo, come amo fare, dicendo che la radionica comprende la radioestesia (l'uso del pendolo), ma soprattutto insegna gli influssi delle onde di forma.
Ogni forma geometrica emette una frequenza ben precisa.
La più nota è la piramide: è in grado di essiccare le carni, affilare le lamette e molto altro ancora.

Sul libro: I Segreti dell'antico Egitto, scritto da Massimo Frisari, troverete un disegno che, oltre ad essere molto protettivo (viene chiamato dell'immunità), ha la proprietà di diminuire fortemente le onde nocive.

Il disegno è efficace anche su carta. Basta fare delle fotocopie ed appoggiarle direzionate a nord su tutti gli apparecchi elettrici, per mitigarne gli effetti negativi. Consiglio di portarsene una copia in borsa o nel portafogli, perché allontana anche gli incidenti.

Una sera ero uscita con altre persone ed una automobile aveva urtato la nostra proprio dalla parte dove ero seduta. Non ho avvertito assolutamente il colpo ed era come non fosse successo niente. Ho fatto fatica a capire cosa era successo. Gli altri mi hanno detto d'aver sentito un gran colpo, ma la portiera era praticamente intatta. Questo disegno veniva usato dagli egiziani. Difatti è stato trovato negli scavi tombali e come sappiamo gli egiziani avevano una conoscenza immensa.

La ricerca della bellezza segna gli inizi del cammino.
Anche l'aspetto estetico aumenta l'armonia dei luoghi.
La nostra casa cresce con noi.
E' una proiezione di noi stessi, quindi parla di noi.
Confesso che mi piace molto guardare l'interno delle case dalla strada.
Non per ficcanasare, ma quasi come studio.
Immagino, dal brevissimo scorcio che mi è consentito vedere, le persone che vi abitano e le poche volte in cui mi è stato possibile verificare "per caso" ricevo diverse conferme.
Chi mi conosce sa bene quanto ami buttare giù muri divisori.

Oniricamente ogni stanza corrisponde ad una parte di noi stessi:

la cucina è il luogo del nutrimento, dove trasformiamo gli alimenti creando.
E' il focolare dove ci si riunisce per mangiare insieme e parlare della giornata appena trascorsa;

il soggiorno rispecchia i nostri rapporti con il mondo;

il bagno è il luogo della purificazione;

la camera da letto è dove dormiamo e sogniamo ritemprandoci, oltre ovviamente a vivere l'amore fisicamente;

la cantina rappresenta l'inconscio, come la soffitta quello che abbiamo in testa;

il corridoio simboleggia il passaggio da una sfera all'altra;

Ogni angolo parla di noi. Se si desidera portare dei cambiamenti alla propria vita, spostare i mobili può essere un primo imput.

ALIMENTAZIONE

Devo confessare di essere la persona meno adatta per parlare di questo argomento. Sono ancora un pò pigra in questo senso (non lo accetto, né per me, né per te , né per gli altri), ma ci tengo a nutrirmi il meglio possibile e ho migliorato la situazione con dei piccoli accorgimenti.

Ho deciso di parlare di alimentazione, sebbene debba ancora migliorare questo rito quotidiano, perché l'atto del mangiare è spirituale.

Una parte importante delle energie che ci servono per vivere vengono dal cibo. Quando dico energia non intendo solo calorie, ma energia vitale (prana). Gli yogi usano lavarsi la lingua per assorbire meglio il prana dagli alimenti.(Osservare il campo energetico delle piante è un esercizio che viene spesso suggerito per iniziare a sviluppare la capacità psichica della veggenza).

Oggi purtroppo la frutta e la verdura arrivano in tavola diversi giorni dopo il raccolto e questo ne diminuisce notevolmente l'energia, le vitamine e gli oligoelementi.

Anche l'aria che respiriamo è inquinata e ciò è grave, perché riceviamo gran parte del prana attraverso la respirazione.

Respirare bene è fondamentale per tutti gli aspetti della nostra esistenza. Cerchiamo di prendere coscienza sul come respiriamo.

Un giorno chiesi ad un signore perché secondo lui respiriamo.

La risposta fu: "Per cambiare aria".

Alcune forme depressive vengono in primo luogo dalla mancanza di oligoelementi. Insisto sul "mens sana in corpore sano".

Se c'è una forte carenza di magnesio anche la meditazione ne soffrirà, come per qualsiasi altra forte carenza.

I missionari giustamente cercano di nutrire le persone prima di diffondere la parola del Padre, perché ben sanno quanto sia difficile pregare con i crampi della fame.

Non è il cibo ad essere spirituale o meno, ma il nostro modo di nutrirci. Prendere coscienza di ciò che stiamo ingerendo aumenta le sue qualità nutritive. Ogni pietanza ha un colore: la cromoterapia suggerisce anche gli alimenti da portare in tavola per integrare la cura.

Immaginate per un attimo un pranzo costituito da: pane bianco, pasta in bianco, patate lesse e contorno di cavolfiore.

Vi viene voglia di scappare?

Gli chef che preparano piatti di haute cuisine sono sempre attenti alle decorazioni. Forse alcuni credono che sia solo per l'aspetto estetico, ma la ricerca della bellezza è il primo passo verso la spiritualità. Mio papà era chef e ricordo, quando lo osservavo al lavoro, la sua costante attenzione per i dettagli. Il bordo del piatto veniva ripulito, se vi era una minima sbavatura di sugo, una foglia d'insalata sovrastata da una fettina di limone ingentiliva la bistecca, e un allegro ciuffo di prezzemolo animava delle banali polpette.

Per non parlare dell'effetto flambé, che dona una nota magica a qualsiasi portata.

Il profumo di alcuni piatti evoca nella maggior parte dei casi ricordi infantili, se non atavici. Il ricordo della mamma che ci nutriva con amore e si preoccupava di darci il meglio rimane impresso nelle nostre menti.

Anche l'aroma del cibo influisce sul nostro umore.

Lo sapevate che alcuni alimenti cambiano sapore a secondo di come sono stati tagliati e addirittura dal tipo di lama usata?

Quasi tutti gli elementi sono composti da infinitesimali forme geometriche e tagliarli significa alterare in un modo anziché in un altro questi disegni; alterazione che si ripercuote anche sul gusto.

Tutto è collegato e le prove iniziano a tavola.

Conobbi una signora che dipingeva soltanto mandala.

Mandala viene dal sanscrito e significa letteralmente "cerchio".

E' un disegno di forma circolare e stimola l'introspezione attraverso l'osservazione di particolari figure. Rimasi incantata davanti ad un quadro, la pittrice se n'accorse e sorridendomi precisò: " E' una fetta di zucchina".

E pensare che fino a quel momento facevo riferimento al rosone di Nòtre Dame quando sentivo il bisogno di visualizzare un mandala.

Parlando dei chakras, ho riportato i cibi corrispondenti ad ogni vortice. L'abbinamento ha un significato ben preciso.

La carne ad esempio è il cibo del primo, collegato alla sopravvivenza.

Come l'acqua è collegata al secondo, il chakra della riproduzione.

Siamo concepiti nell'acqua e tutte le forme di vita nascono da essa.

Anche bere un bicchiere d'acqua è spirituale.

Ma l'apporto più spirituale è il nostro.

L'intento che rivolgiamo alla pietanza.

Basta esprimere il desiderio che il cibo nutra il corpo e lo spirito.

Ringraziare per esso e rimanere disponibili a condividerlo.
Questo semplice pensiero o preghiera trasmuta letteralmente la qualità del cibo.
Come lavarsi le mani non ha una funzione solo igienica, ma di purificazione prima di accingersi al rituale del pasto.
Chi ha preso l'iniziazione Reiki può porre le mani un attimo sul piatto.
Una cara amica lo fa sulla pentola durante la cottura per nutrire al meglio tutta la sua famiglia.

Esiste il regime macrobiotico, vegetariano, dissociato e svariati altri che non conosco neppure. Per quanto concerne il mangiare o meno la carne sento di poter soltanto suggerire di mangiarne meno.
Magari una volta o due la settimana, fatta eccezione per i bambini. Ovviamente chi sceglie di eliminarla dalla propria dieta sostituirà le proteine animali con quelle vegetali.
Ma non è mia intenzione soffermarmi su questo punto.
Desidero segnalarvi dei piccoli cambiamenti per niente "noiosi" per migliorare il
proprio nutrimento:

sostituire il sale normale con il sale marino integrale. Ora si trova anche nei supermercati. Fornisce molti più oligoelementi indispensabili per il nostro organismo rispetto al sale raffinato;

l'aceto di vino, anche aromatizzato, non è il più indicato. Si dice che porti addirittura la sterilità maschile. Un ottimo sostituto è l'aceto di mele.

E' tutt'altro che un condimento, è una vera e propria cura. Rimineralizza, tonifica e migliora il metabolismo. Viene usato sia per terapie interne che esterne (associato all'idroterapia). Messo nella vasca da bagno aiuta ad eliminare lo stress e migliora l'aspetto della pelle. Un bicchiere d'acqua con due cucchiaini d'aceto di mele e uno di melassa grezza, o miele due o tre volte al giorno per qualche mese è un toccasana per molti disturbi quali: articolazioni e muscolature dolorose, stipsi, aerofagia, tendenza al singhiozzo, viscosità del sangue, insonnia, irregolarità intestinale, stress, PH del sangue alterato ed aiuta anche in caso d'obesità.

L'ho provato ed è una bibita gradevole e dissetante;

al posto del pane bianco comprare quello di soia o quello integrale. Il pane di segale è molto nutriente, ma meglio non abusarne se l'alimentazione è già ricca;

sappiamo che lo zucchero bianco non fa molto bene, quello di canna è da preferirsi, ma il miele è il dolcificante migliore. Però non bisogna abusarne.
La dose quotidiana dovrebbe essere di un cucchiaino. Esistono molti tipi di miele ed ognuno ha proprietà diverse. Quello di castagno, che personalmente preferisco, è leggermente più amaro e fa bene in caso di catarro e di anemia. I macrobiotici usano il malto per dolcificare, ma anche la melassa grezza è molto nutriente. Comunque, in caso di diabete, l'unico zucchero che non richiede insulina per essere digerito è quello d'uva. Vedremo meglio questo meraviglioso frutto più avanti;

fui aspramente sgridata per il mio abuso di latte. Ero intossicata.

Provai per primo il latte di soia, ma mi disgustò letteralmente e anche con l'aggiunta di caffè d'orzo non riuscii a buttarlo giù.

Quando un cibo ci ripugna, anche se ha mille virtù meglio evitarlo, perché il nostro corpo è spesso più intelligente di noi.

Seguiamo l'esempio degli animali. Le capre ad esempio riconoscono immediatamente i cibi tossici. Ho vissuto in campagna diversi anni e ricordo i giorni del disastro di Chernobyl.

Era nato un capretto e la madre non aveva abbastanza latte e dovevamo quindi integrare con il biberon. Se il latte era fresco, il piccolo sputava sempre tutto.

Stranamente (o almeno a noi così sembrava) beveva il latte a lunga conservazione. Come ben ricorderete, la Russia divulgò la notizia del disastro solo qualche giorno dopo, ma il capretto lo sapeva già.

Mi sono limitata a ridurre fortemente le dosi di latte, che bevo perché mi piace, forse è ancora un vecchio retaggio americano. Difatti gli americani hanno, tra le altre cattive abitudini alimentari, quella di bere latte freddo a pasto, non stupisce quindi che vi siano tanti obesi.

Cerco di mangiare qualche cipollotto in più, perché aiuta ad eliminare le tossine del latte, ma soprattutto lo bevo con grande piacere ed il mio piacere apporta una trasformazione alchemica, rendendolo quantomeno neutrale per il mio fisico.

Ultimamente ho assaggiato il latte di riso, che trovo una vera delizia;

i formaggi freschi così buoni come la mozzarella andrebbero sostituiti con il grana. Il grana ha una lavorazione tale che lo rende principe tra i formaggi. La stagionatura lo yanghizza rendendolo ottimale per la nostra salute.

Ripeto, sono solo indicazioni per i più pigri, meglio consultare dei testi di alimentazione per approfondire. Sempre per coloro che potrebbero sviluppare meglio questo aspetto della vita, ho trovato degli integratori facilissimi da usare per migliorare la qualità dell'alimentazione:

le alghe marine fanno benissimo, un amico mi ha regalato una confezione di alghe secche da usare come spezia su tutti i piatti. In questo modo almeno mi ricordo di integrarle;

il peperoncino di cayenna è portentoso per allontanare raffreddori e disinfetta le vie intestinali. E' leggermente più forte del peperoncino normale;

le spezie che usiamo normalmente in cucina sono dei veri e propri farmaci. Occorrerebbe parlare a lungo di erboristeria e vale la pena pendere un testo sull'argomento, perché ogni giorno ingeriamo determinate piante e non conoscendole bene corriamo il rischio di abusarne. Le donne incinte devono prestare più attenzione del solito in cucina.
Troppo prezzemolo, anche se non ingerito nella classica tisana abortiva, ma cotto in altri modi può provocare lo stesso effetto. L'alloro ad esempio aiuta a digerire meglio le carni, ma una foglia è sufficiente.

Bruciato con l'incenso invece purifica molto gli ambienti.

Mi scuso per i bruschi tagli, ma desidero dare degli spunti. Troverete tutte le indicazioni necessarie facilmente, se non le conoscete già.
Vi stupirete, leggendo di tutte le virtù dell'aglio e della cipolla;

il limone è un altro frutto mitico, anche per il suo notevole contenuto di vitamina C indispensabile per il nostro benessere.
Per stare bene bisognerebbe bere almeno due litri di acqua al giorno, per aiutare il nostro organismo nel ricambio cellulare e nell'eliminazione di tossine. Questi processi vengono ulteriormente agevolati se all'acqua aggiungiamo del succo di limone.
Ho letto un intero libro sulle sue proprietà benefiche; consiglia la cura dei limoni da fare soprattutto nel cambio di stagione.
Basta bere il succo dei limoni in crescendo per poi diminuire; in altre parole: il primo giorno un limone, il secondo due, il terzo tre, il quarto due e il quinto uno.
Ricordarsi una spruzzatina del suo succo tutti i giorni in un bicchiere d'acqua (non va bevuto puro perché corrosivo), per una persona che gode di buona salute è solitamente sufficiente. E' però sconsigliato come condimento dai macrobiotici, che usano l'aceto di mele sull'insalata;

la vite è una pianta leggendaria ed ha ben motivo d'esserlo. Viene citata nella Bibbia ed ogni sua parte è un dono per gli uomini. Questa pianta antichissima (Noè si preoccupò di caricarla sull'arca), oltre ad avere un valore simbolico molto forte è un alimento prezioso. Ho saputo che la cura dell'uva ha aiutato alcune persone a guarire da formazioni tumorali.

In autunno sarebbe ottimale provare a mangiare solo uva e bere acqua per almeno un giorno. Tutto il vostro tratto digestivo vi ringrazierà. Chi avesse dei problemi specifici dovrebbe ovviamente chiedere un parere medico prima.

Questo capitolo riguarda l'alimentazione ovvero ciò che ingeriamo. Negli anni ho imparato una serie di rimedi che sostituiscono egregiamente molti farmaci spesso nocivi per la nostra salute; li riporto qui sotto forma di "ricette":

L'Eau de Philae sembra una normale acqua di colonia che ricorda il profumo della nonna. E' molto di più. Poche gocce sulle tempie attenuano subito il mal di testa, messo nella vasca da bagno è un ottimo disinfettante per la pelle e versato nell'acqua del bidet elimina la candida.

Il balsamo di tigre lo metto sempre in valigia ovunque vada. Solo annusarlo mi arreca sollievo in momenti di stanchezza o di stress. E' ineguagliabile per i dolori muscolari e messo sulle tempie "scioglie" il mal di testa.

Le prugne salate, che si trovano in erboristeria, hanno grandi proprietà nutrizionali e bloccano immediatamente il vomito e la nausea.

Le api ci donano un potente antibiotico naturale: il propoli. Quello in soluzione alcolica può essere ingerito ed è il rimedio migliore che conosca per il mal di gola.

Il cannello di zolfo passato sul collo si spezza nel caso il dolore sia dovuto ad un colpo d'aria, assorbendo letteralmente il torcicollo.

In caso di febbre gli impacchi sulla fronte con acqua e aceto di mele, ottimo antipiretico, danno un sollievo immediato.

Semplice come bere un bicchiere d'acqua.
L'acqua cura infiniti malesseri e l'abate S. Kneipp ha riscoperto le sue qualità terapeutiche. L'idroterapia inizia dall'igiene quotidiana. Un buon testo vi spiegherà le proprietà dei bagni caldi rispetto a quelli freddi, le docciature per la circolazione e tutti gli usi di nostra sorella acqua.
Un bicchiere la mattina a digiuno favorisce molte funzioni vitali.
Per chi pensasse che l'acqua sia solo H20, devo ricordare le molte virtù ben distinte di ogni acqua benedetta.
La fisica ha dimostrato la capacità di memoria dell'acqua. Questo prezioso elemento alchemico è in grado di registrare le energie del luogo della propria fonte o delle sostanze depositatevi.
Ogni acqua sacra ha virtù diverse. La più nota, quella di Lourdes, ad esempio, è l'acqua della purificazione per eccellenza.
Se non vi sentite di berla perché non sapete da quanto tempo si trovi all'interno del contenitore, potete usarla per fare impacchi sulle zone dolenti, versarne un pò nella vasca da bagno o metterne qualche goccia nelle ciotole che avrete posto in ogni locale della casa.
Personalmente ho riscontrato notevoli miglioramenti,

soprattutto a livello emotivo, con l'acqua di San Damiano. Il bellissimo libro: L'energia segreta delle acque, di Gigi Capriolo e Alessandra D'Elia, fornisce ogni spiegazione.

Tra i rimedi diversi non potevano mancare i cristalli ed i fiori di Bach.

Per quanto concerne i cristalli consiglio di usare pochi esemplari, se non si ha un'approfondita conoscenza della cristalloterapia.

Se usati male possono, come in tutte le cure, sbilanciare profondamente le energie.

Il quarzo ialino può essere adoperato in tutta tranquillità su ogni parte del corpo. Va ovviamente purificato dopo ogni uso, tenendolo sotto sale grosso per almeno una notte e posto sotto un getto di acqua fredda per almeno un minuto, in modo che possa ricaricarsi.

L'ideale sarebbe lasciarlo qualche ora sotto il sole del mattino per rinforzarne l'effetto curativo.

I cristalli, le gemme e le pietre dure sono viventi e la loro energia interagisce con la nostra. Assorbono inoltre la vibrazione di chi li indossa.

Le leggende delle gemme maledette rispondono a verità, come indossarne una appartenuta ad una persona che ci voleva bene ci fa risentire la stesso affetto.

Oltre al quarzo ialino si può adoperare il quarzo rosa in tutta tranquillità.

Il quarzo rosa richiama l'amore cosmico. Collane, bracciali, anelli o semplicemente pezzi grezzi possono ornarci curandoci.

Per quanto riguarda l'ampia varietà delle altre pietre, meglio farsi consigliare da un terapeuta, eviterei anche gli abbinamenti generici con i segni zodiacali perché non

sempre vanno bene. Gli opali ad esempio potenziano all'ennesima potenza sia i pensieri positivi che gli altri.
Se non si è perfettamente bilanciati meglio resistere alla loro bellezza.

Mi occupo di floriterapia da qualche anno e devo dire che è uno dei meravigliosi viaggi all'interno di me stessa e dei miei fratelli che compio quasi quotidianamente.
Desidero dirvi ciò che non ho trovato sui libri in un capitolo a sé stante.

I MERAVIGLIOSI FIORI DI BACH

Li ho incontrati attraverso uno dei miei maestri durante
un ritiro spirituale in Francia. Poche frasi ed ho capito
che erano per me.
I rimedi di Edward Bach, loro scopritore, sono trentotto
energie diverse.
Egli prese in considerazione le piante che fioriscono,
perché sono le più evolute del regno vegetale.
Il fiore, oltre a contenere il seme potenziale della vita,
può essere collocato da un punto di vista evolutivo sulla
soglia del regno animale o animato.
Bach ha individuato il modo di catturare l'energia di
determinati fiori grazie al concetto di memoria
dell'acqua. L'assunzione è dunque facilissima, proprio
come il loro scopritore desiderava.
Niente di traumatico, e semplice come bere quattro
gocce.
Assumendo queste gocce, l'anima-personalità è
enormemente facilitata nel superare i propri blocchi.
L'energia che contengono funziona per risonanza,
creando un ponte che ci collega con la nostra anima che
tutto sa e tutto può. Vanno a risvegliare quella parte di
noi capace di percepire il vero motivo del problema.
Ogni fenomeno ha più piani di manifestazione e la sua
causa è spesso ben più remota di quel che si pensa. La
non conoscenza di sè stessi porta a scatenare eventi che
mai avremmo desiderato. L'energia del fiore aiuta a
trovare l'intuizione giusta per modificare i meccanismi più
o meno sottili che richiamano gli eventi esterni ed interni.
I tempi di azione sono i più disparati, perché ognuno di
noi è un microcosmo a sé stante, con tempi e modi

diversi di evoluzione. Senza parlare delle nostre resistenze. Il subcosciente non è sempre tanto disponibile a cambiare.

Spesso ci si ritrova nella stessa situazione perché in fondo in fondo ci sta bene così. La paura dell'ignoto può spaventare al punto di trovare degli inganni logici e quasi plausibili, pur di rimanere ancorati al piccolo tornaconto che la situazione offre. Nonostante tutto vediamo che in qualche modo si riesce ad andare avanti anche se male. Altrimenti, come sarà?

Ovviamente non è un meccanismo conscio: saremmo tutti dei masochisti.

Se il problema è umorale, vale a dire dettato da problemi esterni o di rapido mutamento, una sola assunzione può riportare alla serenità.

Nel caso di problemi caratteriali, sei mesi è il tempo minimo.

Edward Bach desiderava che ogni uomo potesse curarsi da solo ed ha spiegato gli stati psicologici negativi ai quali corrispondono i trentotto rimedi con una semplicità estrema. Non vi riporto qui le tipologie che troverete in tutti i testi sui fiori di Bach, ma cercherò di aggiungere la mia esperienza.

Curarsi da soli all'inizio non è facile, a meno che il problema non sia proprio da manuale; del tipo pensiero ossessivo su un solo problema, che non vi permette di dormire la notte o di pensare ad altro.

In questo caso White Chestnut va preso di corsa.

Solo che quando ci troviamo personalmente dentro un problema, può succedere di non trovare il distacco necessario nemmeno per i casi più banali.

Le indicazioni sembrano e sono chiare, ma quando ci si trova davanti ad un problema, il lavoro del terapeuta non è sempre così lineare.

Per entrare pienamente nel mondo della floriterapia occorre azionare entrambi gli emisferi celebrali: quello sinistro, che usiamo sin troppo spesso e che corrisponde al razionale e quello destro che qualche volta rischia di atrofizzarsi, perché non ci abbandoniamo all'intuito. Prendere coscienza del problema da più punti di vista e seguire il sentire che verrà poi verificato col sapere. Anche nei casi apparentemente più chiari chiedo conferma al pendolo, per esempio. Certo, è sempre la mia energia che lo aziona, ma la spinta in un senso piuttosto che in un altro viene, come alcuni dicono, dallo spirito guida. L'energia stessa dei fiori aiuta nella scelta. Se ascoltando qualcuno pensiamo occorra un rimedio anziché un altro e al momento in cui lo cerchiamo ce ne viene davanti un altro magari più volte, forse è il caso di ripensare alla scelta.

Le indicazioni che si trovano sui testi sono solo una base di partenza.

Spetta a noi captare il messaggio ricorrente dietro le parole ed i gesti dei consultanti per ricollegarli ad un determinato fiore.

Meno fiori si somministrano per volta, meglio è. L'azione è più veloce e diretta. Fanno ovviamente eccezione i casi in cui occorre un sostegno per affrontare situazioni urgenti.

Siamo spesso più bugiardi di quel che si pensa. Molte persone raccontano soltanto fatti e sensazioni marginali rispetto ai loro veri problemi; per vergogna o perché non sono abituati a lavorare su sé stessi. Con l'esperienza, lo studio e soprattutto la conoscenza di sé stessi (mi riferisco sempre al terapeuta) si arriva a capire veramente cosa si nasconde lì dietro. Arriva come una sensazione, un campanello che scatta e la risposta è chiara, nella maggior parte dei casi, durante la seconda o terza seduta nei casi più complicati.

"Andare oltre, vai oltre" mi dice sempre la vocina che ho dentro ed andando

oltre si intravede che tutti i problemi sono spesso collegati tra di loro e rispecchiano un'unica matrice: la mancanza d'amore per sé stessi o altro fondamentale tema dell'esistenza.

Amiamo lambiccarci il cervello, apportare delle sfumature che altro non sono che corolle dello stesso problema, ma le elaboriamo come problemi distinti. Quando conosciamo noi stessi, dicono i testi sacri, siamo in grado di capire l'universo intero e credo sia proprio così.

Molti dei problemi che mi vengono sottoposti li ho già vissuti in qualche modo, ed in quel momento mi torna alla memoria la stessa angoscia o paura che provai allora, permettendomi di sintonizzarmi ancora di più con chi ho di fronte. Questa possibilità di condividere (anche se a posteriori) un dolore, aiuta anche me. Mi conosco anche attraverso gli altri e mi rendo conto di quanto ho capito ascoltando le risposte che escono dalla mia bocca.

Sebbene, trattandosi di energia, è Lei stessa che parla attraverso di me quando mi predispongo.

Prima di ogni incontro chiedo di essere un canale di guarigione, di conforto e sopratutto di gioia.

La risposta arriva sempre, quando si tratta di un mio fratello.

Quando si tratta di noi stessi il distacco a volte si lascia attendere e non certo per colpa sua. S'instaura una sorta di medianità, se lo permettiamo, che porta oltre ogni ipotesi iniziale.

Cercare di non limitarsi è essenziale, perché cerchiamo di trattare un qualcosa forse più grande di noi.

Una volta arrivata l'intuizione, occorre verificare in ogni modo possibile. Occorre osservare tutti i dettagli possibili, fin dal momento in cui la persona ha varcato la porta. L'impatto iniziale, se non è fuorviante, è importantissimo. Come vi ha salutato? Vi ha guardato negli occhi o si è soffermato sul vostro sguardo per studiarvi? Come è la sua corporatura? Presenta problemi visibili fisicamente? Cosa c'è di bello e di positivo in questa persona, in questo fratello che chiede aiuto?.

Ci si può allenare per strada. Spesso mi incanto a guardare la gente che passa e soprattutto imparo molto. E' un viaggio meraviglioso che ha solo un inizio.

Le domande solitamente partono in maniera generica o indirettamente, riferendosi a degli archetipi.

Fare sentire e capire all'altro che abbiamo vissuto o provato le stesse cose è molto rassicurante ed innesca immediatamente una comunicazione più profonda.

Comunque mai e poi mai ci si può permettere di giudicare o di insistere su un proprio punto di vista.

Qualche medico insiste su determinati sintomi solo per verificare la sua diagnosi iniziale; qui non c'è niente da confermare, se non la serenità di chi è coinvolto.

I consultanti che pretendono che sia il terapeuta a guarirli vanno soltanto mandati via. I più abili mentalmente cercheranno di far sentire il terapeuta in colpa o peggio, ma il problema è loro.

Il terapeuta non può guarire, può solo aiutare a tirare fuori l'energia già presente nell'anima-personalità.

Chi non ha nessuna intenzione di lavorare veramente su sé stesso, riconoscendo i propri errori e cercando di cambiare, ma solo lamentandosi dell'insopportabilità della sua situazione, fa solo perdere del tempo.

Possono sembrare parole dure, ma facendo altrimenti si corre il rischio di forzare il karma di un'altra persona o più probabilmente di sentirsi accusare alla fine d'incompetenza. Facendo altrimenti si va contro l'insegnamento della Bibbia, che afferma molto chiaramente di non dare perle ai porci.

Diventerebbe una situazione sempre più frustrante e inconsciamente si parteciperebbe ad un processo di deresponsabilizzazione del paziente.

Un buon terapeuta trasmette coraggio, comprensione, empatia, conoscenza e amore senza prendersi carico dei problemi, altrimenti impedisce la crescita della persona.

Nessuno può compiere il cammino al posto nostro e purtroppo qualcuno non l'ha ancora capito.

Stiamo parlando di energia e quindi non sappiamo fino a che punto o in che modo agisce. Le reazioni possono essere le più disparate.

Occorre molto rispetto per esse, perché vanno oltre i nostri limiti.

Agiscono su molti piani, da quello fisico a quelli più sottili. Forse non arrivano al piano di manifestazione materiale, ma agiscono senz'altro sull'emotivo che ha causato il malessere.

Nei tanti manuali che ho letto ho notato che manca la fantasia sperimentatrice. I Fiori possono essere aggiunti a qualsiasi tipo di cura o prodotto per l'igiene personale, ad esempio.

Possiamo metterli nella crema da giorno a secondo dei problemi di pelle, nella vasca da bagno per dolori o stati d'animo particolari, al collutorio per aumentare il suo effetto disinfettante.

I Fiori agiscono su tutto perché contengono energia: sulle piante, gli animali, gli ambienti e anche con chi interagiamo. Non importa se l'altro non li prende, li prendiamo noi e ad un qualche livello si sente, perché l'energia non ha confini.

E' un metodo straordinariamente semplice per curarsi, capirsi ed amarsi.

Si integra perfettamente ed anzi potenzia qualsiasi tipo di cura o lavoro su sè stessi, basta ricordarsi di bere alcune gocce più volte al giorno. Controindicazioni? Metterci di fronte a problemi che accuratamente evitavamo.

Al termine delle conferenze che tengo, mi capita d'incontrare degli uomini, solitamente più grandi di me, che cercando di blandirmi mi prendono sotto braccio e con smaglianti sorrisi chiedono: mi dica la verità, ma questi fiori funzionano per davvero?

Rispondo una volta per tutte.

Niente funziona, se noi non vogliamo cambiare.

Qualsiasi terapia, persino un farmaco, non dà i risultati desiderati finché non ci predisponiamo alla guarigione.

Tutti i rimedi olistici danno un enorme aiuto energetico, ma non possono e non devono combattere le resistenze.

Ognuno ha la sua strada, per cui si troverà meglio con un tipo di energia piuttosto che con un altro, ma se non trova giovamento in nessuna, o è un fattore karmico oppure ha molti aspetti di sé da rivedere.

Bastano dei piccolissimi cambiamenti all'inizio, per capire che si sta facendo un buon lavoro.

Come afferma Louise Hay nella sua cassetta di autoguarigione: "inizio dalle stanze più piccole della mia casa mentale, di modo che ne vedrò presto i risultati".

LA QUOTIDIANITA'

Abbiamo sfiorato molti argomenti e visto tante tecniche;
rimane il problema di come integrarle nel qui ed ora,
quando ci si sente stanchi e si ha ancora molto da fare
prima della fine della giornata.
Le prime volte sembreranno degli impegni in più che
vanno a gravare su una vita già di per sé complicata.
Questo accadrà fino a quando non vivremo ogni
circostanza in modo diverso. Ricordo un lavoro
noiosissimo da fare in ufficio. Ripetitivo e lungo.
La mente iniziava a vagare per la noia e gli errori
aumentavano; mi lamentavo del tempo buttato via fino a
quando iniziò a sgorgare spontanea la preghiera.
Digitavo le cifre e la preghiera fluiva sempre più,
aumentando paradossalmente la concentrazione. Il
lavoro finiva molto più in fretta senza errori e mi sentivo
rigenerata. E' un modo forse banale per spiegarvi
l'alchimia della mente.
Il mondo è come tu lo sogni, dicono gli sciamani.
Un altro modo per dire che la vita è come la interpreti tu.
Cambiando la regia, l'evento più banale come uno
starnuto ha un significato nuovo e diverso. All'inizio
richiede un impegno conscio, ma quando diventa un
modo di essere si trova la spiritualità del mangiare un
fumante piatto di spaghetti.
Una volta diventate proprie, le tecniche si eseguiranno
automaticamente: quando se ne sentirà il bisogno e in
contemporanea con i compiti quotidiani.
Aiutano immensamente a capire l'importanza del qui ed
ora ed a cogliere il significato dietro ogni azione.

La quotidianità è indispensabile, perché è il nostro banco di prova e viverla con più coscienza e controllo conduce ad una nuova vita.

Cerchiamo di vedere insieme una giornata nuova.

Suona la sveglia: ci concediamo ancora un minuto al calduccio, per ringraziare per questo giorno di vita e per avvolgerci di luce bianca protettiva per affrontarla al meglio. Se attualmente emettete versi spaventosi al suo suono può essere un cambiamento scioccante, ma dopo qualche tempo non ne potrete più fare a meno.

Se vivete in famiglia ringraziate dentro di voi per l'amore che vi danno e, se per caso non vi sentite molto amati, cercate di proiettare loro più amore possibile perché forse ne hanno più bisogno di voi.

Guardate la tazza di caffèlatte e chiedete al Cosmico di renderlo nutrimento anche per il vostro spirito e ringraziate per ciò che si è già compiuto. Sinceramente non riesco più a mangiare senza rivolgere questo pensiero in alto. Quando andate in bagno ricordatevi la preghiera zen.

Chiedete di purificarvi e di eliminare ciò che non serve più.

Ovviamente questo processo avviene già, ma solo a livello fisico: mediante questa richiesta viene potenziato. Acquisire una nuova coscienza di ogni piccolo gesto quotidiano porta il risveglio delle nostre forze positive.

Se fate la doccia la mattina, il getto d'acqua vi purificherà anche lo spirito, se visualizzate l'acqua carica di scura negatività che esce dai piedi per poi divenire grigio scuro, poi chiaro e infine bianca.

Impiegate lo stesso tempo per "lavarvi" su tutti i piani.

Dopo questo tipo di doccia ci si sente più leggeri ed ottimisti.

C'è una lunga coda davanti a voi e come al solito temete di arrivare in ritardo? Affermazioni positive.
Sono perfettamente in orario, tutto va per il meglio.
Non si può ovviamente pretendere di usare questa tecnica se uscite sfacciatamente tardi da casa, anche se ho visto che si acquista lo stesso qualche minuto.
L'attesa al semaforo può essere un'occasione per guardarsi nello specchietto retrovisore e con discrezione pronunciare delle frasi positive di incoraggiamento. Lo specchio potenzia i decreti che enunciamo.
Nelle giornate più felici mi guardo e dico che sono straordinaria e bellissima (l'ottimismo non è mai troppo).
Quando trovo degli imprevisti lungo la strada recandomi ad un appuntamento guardo il cielo e chiedo:
è giusto che mi rechi in quel luogo? Se è giusto datemi una mano.
A quel punto il traffico comincia a scorrere, altrimenti ho il forte impulso di tornare indietro.

Oh no... solita giornata di lavoro noiosa! Ricordiamoci che siamo noi a stabilire i decreti della nostra esistenza.
Noi abbiamo il potere di cambiare e di gestire la nostra vita, anche quando tutto sembra spingerci in una certa direzione abbiamo sempre una via d'uscita.
Affrontandola in negativo, la giornata sarà lunga e penosa.
Vedendola da un altro punto di vista attingeremo le energie necessarie per svolgerla serenamente.
Qualsiasi lavoro è utile per l'umanità.
E' un servizio che stiamo rendendo ai nostri fratelli.
Per quanto banale possa sembrare, provate ad immaginare la vita senza quell'articolo o servizio.

In realtà non importa quel che si fa, ma come lo si fa.
Molti tagliatori di brillanti sono più tristi di un operaio.
So bene che spesso si ha l'impressione di rendere un
servizio solo al proprio datore di lavoro. Ricordo in ufficio
l'espressione di gioia del titolare, quando riuscì a trovare
una carta igienica da usare per l'ufficio che costava la
metà di quella più misera. Oppure la sua preoccupazione
per i computers, quando lavoravamo a trentadue gradi la
mattina alle 8: 30.
Anzitutto il problema è suo. E' lui o lei che è schiavo di
pochi spiccioli ed ha decretato che la sua felicità dipende
da essi. Se sentite di non poterlo più sopportare,
accettate la situazione comunque.
Prima si accetta e si comprende una situazione, per
quanto brutta possa sembrare, prima si trova una via
d'uscita.
Non regalategli energia che non si merita.
Vivetela come se foste al teatro, a volte ci si può anche
divertire e quella risata vi guiderà verso una soluzione.
Forse troverete un altro lavoro, forse i vostri colleghi
saranno più solidali e forse... non si può sapere, perché
le energie lavorano in modo a noi spesso ignoto.
Chiedete al vostro angelo di assistervi tutto il giorno.
Quando ci si rende strumenti di ciò che è giusto tutto
scorre in un altro modo. Padre ispira le mie parole, i miei
pensieri e le mie azioni.
Avevo un collega molto religioso che mi confessava la
sua difficoltà di portarsi Dio nella ventiquattr'ore.
Basta rivolgersi a Lui in tutta semplicità e le risposte
arrivano.

Dell'ora di pranzo abbiamo già parlato nel capitolo
dell'alimentazione.

Un breve grazie, ricordandoci che non tutti hanno la possibilità di scegliere il cibo che più piace, se non addirittura del cibo da mangiare.
Chiedere di poter dividere l'abbondante fluire dell'universo e dichiararsi interiormente disposti a riceverlo.
Il cibo non è composto solo di fibre e di vitamine, ma anche di energia. Chiedere di dividere questa energia aiuta realmente chi ha fame.
Un gruppo di persone in un campo di concentramento sono sopravvissute riunendosi per visualizzare tutti i cibi possibili. Fingevano di magiare aragoste e di sorseggiare champagne. Pazzi?
No, in quel modo hanno attinto dalla fonte universale dell'energia per sopravvivere. Certo sono dimagriti ugualmente, ma erano ancora in vita. Anche il cibo ha più piani di manifestazione. Nel bellissimo libro : Autobiografia di uno Yogi, Yogananda descrive il suo incontro con un uomo che materializzava frutta, pane ed altri cibi sintonizzandosi con le vibrazioni corrispondenti.
Ogni volta che rivolgiamo questo pensiero aiutiamo realmente qualcuno che ha fame.

I lavori domestici possono sembrare una seccatura, ma possono diventare esercizi spirituali.
La famosa storia zen dell'adepto che chiede di diventare monaco.
Il maestro lo guarda e gli dice di andare a lavare i piatti.
Dopo tre anni lo guarda e gli dice: ora sei pronto per accedere agli insegnamenti.
Trovare la spiritualità in ogni gesto significa vivere pienamente.

Lavare i piatti con l'intenzione di purificare diventa un rituale sacro.

Non importa se gli altri non capiscono o addirittura cercano di scoraggiarci.
Ho dovuto imparare una lezione che mi è costata molto cara: niente e nessuno deve interferire con il mio cammino spirituale.
Non significa certamente che occorre mettersi sul sentiero di guerra, ma non permettere ad altri di scoraggiarci o distoglierci da ciò che conta veramente. Basta tacere quando si sente che non è il caso di insistere.

I momenti "morti" o di attesa possono essere un'ottima opportunità per nutrirci. Uno scompartimento vuoto del treno può fornirci la possibilità di fare un pò di meditazione o di visualizzare positivamente una situazione che ci sta a cuore. Camminare da soli per strada può diventare un'esperienza densa di significato. Osservare il comportamento delle persone insegna molto o fare l'esercizio di espansione di amore. Cercare di proiettare amore sui passanti o chiedere di incontrare le persone giuste.
Invece di sbuffare in una sala d'attesa ci si può portare dietro un bel libro che magari è lì da qualche tempo in attesa di essere letto. Il tempo passerà molto più in fretta.
I messaggeri arrivano nei momenti più impensati.
Le persone accanto in quella sala d'attesa forse parlano di argomenti che non interessano, così come possono inconsciamente pronunciare delle parole utili per la soluzione di un nostro problema.

Quando si chiede aiuto in alto occorre tenere gli occhi e le orecchie ben aperti, se non capiamo la prima volta spesso il messaggio viene ripetuto, ma non più di tre volte.

Tra un impegno e l'altro rimangono cinque minuti d'attesa? E' un'ottima occasione per ripetere delle affermazioni positive o per ascoltarle se le avete registrate. Ascoltare la registrazione senza porre attenzione a ciò che si ascolta fa sì che arrivi prima all'inconscio.

Se lavorate da soli o in casa potete godervi la musica new age.

Esistono inoltre cassette con messaggi subliminali per curare la depressione.

Molti impiegati appendono dei bellissimi poster con scorci marini o montani per abbellire il loro luogo di lavoro, ma visto che questi luoghi esistono perché non recarvisi con la mente per attingere energia?

Uno sciamano mi ha raccontato che il suo maestro vive in Ecuador e lui negli Stati Uniti. Le prime volte in cui aveva bisogno di contattarlo faceva una lunga meditazione in cui saliva su un tappeto volante attraversando gli oceani, catene montuose e deserti per raggiungerlo. Al loro incontro successivo il vecchio sciamano gli chiese: perché percorri un tragitto così lungo per parlarmi? Basta pensarmi e sarò lì accanto a te.

Basta pensare a quel luogo meraviglioso e potrai rigenerarti.

Quanto tempo è che non ti concedi la possibilità di stare con il naso per aria? ...A che scopo? Per vedere ciò che non hai mai visto negli ultimi dieci anni passando ogni giorno dalla stessa strada. Per cambiare ottica può essere sufficiente alzare lo sguardo.

Ogni istante della vita offre la possibilità di scegliere. Le scelte infinitamente piccole rispecchiano quelle infinitamente grandi. Togliere le erbacce in giardino può essere un lavoro ingrato come lo sradicamento simbolico delle cattive abitudini.

La giornata è stata più faticosa del solito? Perché non coccolarsi e curarsi contemporaneamente con quello che chiamo il trattamento deluxe...

Si tratta semplicemente di farsi il bagno, ma in maniera leggermente diversa. Molti pazienti mi dicono subito di non avere il tempo necessario, quando tutti sappiamo che occorrono solo quindici massimo venti minuti di immersione altrimenti si rischia un indebolimento dei corpi sottili che si nota anche dal raggrinzimento della pelle delle dita.

Fare la doccia o il bagno tutti i giorni non è una questione igienica come normalmente pensiamo, serve a liberarsi delle scorie che eventualmente abbiamo accumulato durante la giornata.

Chi lavora al computer o comunque entra in contatto con apparecchiature elettriche è soggetto ad un inquinamento elettromagnetico e, nel caso di coloro che lavorano in diretto contatto con il pubblico, sorella acqua purifica subito le eventuali negatività di qualche cliente furioso rimasteci addosso.

Il trattamento deluxe contempla in primo luogo alcune norme della idroterapia. La temperatura dell'acqua non dovrebbe superare i 37 gradi, tranne casi particolari. Per risparmiare tempo mi occupo di altre faccende dopo aver aperto i rubinetti. Una volta riempita la vasca procediamo alla scelta di numerevoli aggiunte di benessere:

1) il sapone. Non andrebbe utilizzato tutti i giorni o meglio non su tutta la superficie corporea, perché compromette il naturale PH della pelle.
Accertatevi che sia bagnoschiuma e non docciaschiuma perché quest'ultima contiene più tensioattivi che aggrediscono maggiormente la pelle.
Il sapone migliore, che uso una volta alla settimana proprio come trattamento di bellezza, è il sapone di marsiglia.
E' una vera panacea in caso di irritazioni dovuti a sudore o sfregamento.
Con l'ausilio del guanto di crine si fa un vero e proprio peeling senza ricorrere a prodotti chimici. Personalmente uso il bagnoschiuma a giorni alterni;

2) il sale grosso. Le prime volte è meglio usarne un chilo per iniziare un processo di purificazione e di fortificazione delle energie, dopo qualche mese mezzo chilo sarà sufficiente. Il sale assorbe molte impurità e può essere abbinato a qualsiasi altro prodotto scegliate;

3) l'aceto di mele. Se ne è già accennato nel capitolo dell'alimentazione. Mezzo bicchiere nella vasca rimineralizza la pelle provata dall'inquinamento. Sconsiglio l'abbinamento con gli oli essenziali;

4) l'amido. Ha solo un effetto lenitivo ma può essere molto gradevole;

5) gli oli essenziali. Adoperandoli abbiniamo i vantaggi dell'aromaterapia a quelli dell'idroterapia. Prima di usarli occorre vedere se si è allergici o meno. La prova si svolge riempiendo il lavandino e mettendo tre gocce dell'olio prescelto dopodiché s'immerge il gomito se dopo un'ora non si notano rossori o altri sintomi si può procedere all'uso in vasca.

Gli oli sono molti ed occorrerebbe un libro a sé stante per spiegarne gli usi.

Il bellissimo libro: Profumi Celestiali, di Susanne Fischer-Rizzi, edizioni Tecniche Nuove, può guidarvi alla scelta più appropriata.

Trovare oli completamente naturali oggi è sempre più complicato e costoso, ma visto che ci limitiamo ad un uso esterno basta affidarsi ad una buona erboristeria.

Azzarderei l'uso interno solo dietro consulenza di un esperto aromaterapeuta. Mi limito a darvi dei piccoli accenni sulle proprietà dei più noti, che potrete usare anche nei vari ambienti della casa per completare una cura profumata prestando attenzione agli abbinamenti.

LAVANDA: indubbiamente un olio basilare nell'aromaterapia; le sue proprietà a livello fisico e psichico sono molteplici. Aiuta a riequilibrarsi, ottimo quando ci si sente stressati o si fa fatica a prendere sonno perché i pensieri si intrecciano. E' l'aiuto più adatto dopo una lunga giornata di lavoro che ha provocato indolenzimento alla muscolatura.

ROSA: quando sentiamo il bisogno di amore questo olio ci accarezzerà il cuore. Mi premuro di versarne sempre qualche goccia nelle ciotole di quasi tutte le stanze della casa, perché richiama l'amore che come ben sappiamo è l'unica cosa che conta veramente. Senza amore non vi è guarigione. Questo meraviglioso olio porta consolazione a tutti i livelli e predispone nuovamente alla vita e agli affetti. E' uno dei profumi maggiormente collegati con il Divino.

LIMONE: dà sollievo nei momenti in cui ci sentiamo appesantiti spiritualmente e psichicamente. Aiuta a schiarire le idee e aumenta la concentrazione. Alleggerisce gli ambienti dai pensieri stagnanti, oltre ad essere un forte antisettico.

MENTA PIPERITA: è un vero toccasana nei mesi estivi. Poche gocce (alcuni autori dicono massimo cinque altri otto) nella vasca da bagno e la sensazione di freschezza vi accompagnerà per parecchie ore.
Utilissimo per il pronto soccorso in casi di svenimento, shock, contusioni, storte, punture d'insetti, mal d'auto, mal di mare e nausea. Va diluito con acqua o con olio per massaggiarsi le tempie in caso di mal di testa.
Nella vasca aiuta il drenaggio linfatico.

ROSMARINO: esercita una forte azione protettiva dalle influenze esterne. Aiuta a ritrovare la coscienza del Sé ed incoraggia nei momenti di debolezza. Esercita un'azione riscaldante che lo rende insostituibile nella cura di dolori reumatici.

EUCALIPTO: non lascia scampo al raffreddore e alla bronchite.
Poche gocce disinfettano l'aria del locale ed allontanano la pigrizia.

GERANIO ODOROSO: amico di tutte le donne con sbalzi umorali premestruali perché equilibra il sistema ormonale. Ha un profumo sensuale ed eccitante assieme al gelsomino, ma sicuramente non avete bisogno di questi suggerimenti.

Ho riportato soltanto i pochi oli che uso abitualmente e sicuramente vorrete sperimentarne altri. Il loro uso rappresenta per me un gesto d'amore verso sé stessi. Respirandone il profumo stimoliamo l'ipotalamo per guarire vecchie ferite emotive, oltre a concederci la sana vanità di sentirci profumati.

Mancano ancora dei dettagli fondamentali per il nostro rituale rigenerante. Riempita la vasca e scelti i prodotti più adatti al momento, seguendo il nostro sentire, stacchiamo il telefono, accendiamo il registratore portatile per ascoltare una bella musica rilassante e almeno una candela bianca o rosa.
Spegniamo la luce e godiamoci questo momento altamente consolatorio. Sorella acqua, che benedico tutti i giorni, oltre a purificarci livella almeno parzialmente le energie.
Immergendoci almeno fino al collo, l'acqua condurrà almeno in minima parte l'energia in eccesso nelle zone del nostro tempio carenti. Per ultimare il gesto d'amore per sé stessi ci si può automassaggiare i piedi, semplicemente facendo scorrere avanti e indietro sotto la pianta un rullo di legno apposito. Sulla pianta del piede si trovano le zone riflesse di ogni organo del corpo e massaggiandolo autoeffettuiamo una stimolazione completa.

Il libro di Siracide nell'antico testamento dice di non privarsi mai di un'ora di gioia. Concediamoci le piccole grandi cose che ci fanno piacere. Se non siamo in grado di volerci bene noi, non possiamo pretendere che altri lo facciano.

A costo di scandalizzare gli adepti più integralisti dirò di non astenersi forzatamente da una sigaretta dopo il caffè se trovate il rituale appagante, lo stesso vale per un cioccolatino.

Certo le esagerazioni sono fuorvianti, ma lo sforzo della rinuncia è peggio degli effetti della nicotina e lascia un senso di frustrazione. Lo scopo non è smettere di fumare, ma curare la causa che porta a cercare la sigaretta.

UN PO' DI ME

Sono state le pagine più difficili da stendere. Le ho strappate più volte ed ogni volta per motivi diversi. Leggere ed ascoltare le prove dei miei fratelli mi ha aiutata moltissimo ed in nome di questa forza voglio condividere la mia storia. Vorrei poter raccontare un'esistenza continuamente illuminata da un raggio divino, ma questo oltre ad essere falso non vi aiuterebbe a fatto.

Nei primi tentativi autobiografici ho scoperto una lacrima riaprire un vecchio solco e paradossalmente volevo rifiutarla. Pensavo andasse contro le parole scritte da me stessa, parole che incitano alla gioia e alla trasmutazione.

Che sbaglio enorme stavo per commettere, in nome del distacco emotivo!! Quella lacrima ha guarito un vecchio dolore che nella foga della crescita avevo dimenticato.

La via spirituale non è sempre facile. Oggi sono in piena crisi e non lo ometto, perché capiterà anche a voi. Le domande si accavallano e si intrecciano, nel misero tentativo di mascherare una mia resistenza.

Nei momenti peggiori si può arrivare a desiderare una vita meno impegnativa, a vivere come tanti che non si pongono dei quesiti così profondi, ma non si può tornare indietro, perché l'altra vita non ha più senso.

Quando ci si sente così vuol dire che siamo sulla strada giusta, non sgranate gli occhi, è proprio così.

Prima di iniziare i corsi di floriterapia preciso sempre che la via spirituale non offre possibilità di ritorno, qualunque cosa accada.

Non credo parole simili siano mai state scritte, le ho solamente sentite pronunciare dai miei fratelli in momenti difficili, che una volta superati ci permettono di rinascere con un cuore nuovo.

Ho osato una premessa simile perché ho una lunga storia di dolore alle spalle. Porto in me tre culture diverse, che mi hanno portata a vivere esperienze molto dissonanti tra loro, ma anche questo è positivo.

Genitori anziani, rigidi ed assenti verso i normali bisogni affettivi di una bambina. Avevano condotto delle vite di estremo sacrificio e non avevano altro da darmi.

Dalla sera alla mattina decisero di tornare in Italia.

Piombata in un paesino con volo intercontinentale.

Per non deluderli, pena inimmaginabile, studiavo giorno e notte per riempire le lacune scolastiche statunitensi.

Lavori saltuari come volontaria e rinuncia all'università pur di scappare da una realtà che non riuscivo a sopportare.

Un impiego a ventun anni in una grande città dove ho conosciuto ogni sorta di perversione e di cattiveria. Molti non riuscivano a resistere più di qualche mese. La morte della mia cara amica di parto, aveva solo ventiquattro anni. Da quel momento la signora morte mi ha accompagnata per molti anni.

Ero arrivata la punto di riconoscerne l'odore.

Parenti per primi, poi mio padre. Si è spento serenamente nel sonno.

Non riuscivo a capacitarmi delle sue gote ancora rosee mentre chiudevano la bara.

Il mio mal di testa aumentava, fino al ricovero in neurologia, perché sospettavano avessi un tumore al cervello. Anni dopo venni a sapere che si trattava di una fattura fattami da una parente.

Non avevo mai conosciuto l'amore, tanto meno per me stessa, perché i miei genitori erano sempre prontissimi a mortificarmi e le mie prime esperienze sentimentali non potevano che essere disastrose.

I viaggi erano il mio nutrimento, dopo gli studi esoterici. Uno studio scomodo, perché mi rendeva incontrollabile. Ipercriticata per la mia spontaneità e per le "stranezze" che andavo a cercare. Il terrore del futuro mi aveva deformato i piedi e dopo gli interventi chirurgici la salute di mia madre, già compromessa da una grave malattia, precipitò. Interrotta di colpo la mia convalescenza iniziò un lungo calvario di ospedali e di cure.

Non ho fratelli ed i parenti, ad eccezione di pochissimi, non mi hanno certo dato un minimo di calore, anzi qualcuno ha cercato di approfittare del mio momento di debolezza per estorcermi del denaro. Ho trovato molto affetto inaspettatamente da conoscenti che sembravano lontani e distanti e così è tornato ad essere qualche mese dopo la morte di mia madre.

I parenti di mio padre temevano di rimanere contagiati dalla malattia di mia madre e purtroppo uno di loro viveva in casa con lei: questo mi rendeva la situazione ancora più insopportabile.

Transitata mia madre poche cose della mia vecchia vita avevano ancora un senso. Decisi di affrontare l'altro intervento e di cambiare vita.

Dopo anni di solitudine sentimentale cascai nella trappola di un essere meschino.

Poco dopo un colpo di scena positivo. Cambiai città per imparare un nuovo lavoro e lì arrivò l'amore. L'amore sempre agognato, sembrava puro ed eterno. Abbandono tutto per seguirlo e progetto una vita assieme a lui.

Un anno dopo l'inizio di questo meraviglioso o apparente amore mi sento dire, al museo dove lavoravamo assieme, che non desiderava più sposarmi.
Non ricordo quanti sono i dispiaceri non riportati e purtroppo credo siano molti più di quel che penso. Mi stanco ancora a raccontarli tutti.

Ancora oggi navigo in acque poco tranquille, (non lo accetto né per, né per te, né per gli altri) ma la vecchia Maria è rinata.
Sono forte di tutte queste esperienze.
Se sono riuscita a superare queste prove, spesso nella solitudine umana più cupa, indotta anche dalla paura del prossimo che avevo, ce la puoi fare anche tu.

Oggi uso il vecchio dolore per capire chi ho di fronte e la mia rinascita interiore mi porta a cantare quasi tutte le mattine quando mi sveglio.
Sono sempre più forte e serena.
Riconosco la ricchezza della mia esperienza, che mi ha portato a capire diversi livelli dell'esistenza.
Aspetto a braccia aperte i miracoli che vedo compiersi dentro e fuori di me.
Ce la puoi fare, non importa cosa ti sia capitato o cosa tu abbia fatto.
La provvidenza è infinita come l'amore divino che attende solo di entrare in te. Capisco il tuo dolore perché stava per sopraffarmi, capisco la tua delusione perché l'ho bevuta nel latte materno e la tua paura perché tenta ancora adesso d'insidiarsi, se glielo permetto; ma non soccombere.
Vai avanti, vai oltre, che la mia piccola testimonianza t'incoraggi.

Una mia cara paziente o meglio amica mi chiese un giorno: "Ma quando sarò finalmente tranquilla e serena? ". Ho sentito uscire dalla mia bocca questa risposta: "Quando cercherai l'insegnamento positivo dietro ogni dolore e quando sarai fluida come la vita disposta a rinascere ogni mattina.".

Grazie per avermi ascoltata perché ad un qualche livello mi hai aiutata.

Abbiamo percorso un breve tratto di strada insieme. Forse tutti questi pensieri o magari uno solo vi porteranno oltre, vi porteranno ad un livello in cui tutto ciò non serve più, ad un livello in cui basta essere per divenire.

QUEL POCO CHE HO CAPITO

Non temere mai di morire di dolore, perché sei più grande di esso -

Che la gioia ti accompagni, basta che non dimori fuori di te-

Dai in pasto alla tua mente le nozioni che desidera, poiché solo quando è sazia cerca la conoscenza superiore-

Rivolgiti ogni mattina al cielo e ringrazia per quel che hai trovato sulla terra-

Mantieniti semplice, perché il Divino non usa parole complicate-

Specchiati nella profondità degli occhi di chi ti è vicino senza dimenticare chi sei-

Trattati come tratteresti tuo figlio e la guarigione non tarderà-

Ridi dei tuoi limiti se non vuoi che ti vincano-

Ama come puoi e come senti, ma non affidare la tua divinità a nessuno.

BIBLIOGRAFIA

Aceto di mele - red ediz.
Autobiografia di uno Yogi- Paramahansa Yogananda
Chakras ruote di vita - Anodea Judith
Essere sé stessi - Edward Bach
Idroterapia - Gudrun Dalla Via
Il libro dei sogni - Caterina Kolosimo
I segreti dell'antico Egitto - Massimo Frisari
La luce oltre la soglia - Charles Rafael Payeur
L'energia segreta delle acque- Gigi Capriolo, Alessandra
D'Elia
L'energia trasparente - Maria Rosaria Omaggio
Libera te stesso - Edward Bach
Malattia e destino - Thorwald Dethlefsen
Messaggeri di luce - Terry Lynn Taylor
Profumi Celestiali - Susanne Fischer Rizzi
Puoi guarire la tua vita - Louise Hay

INDICE